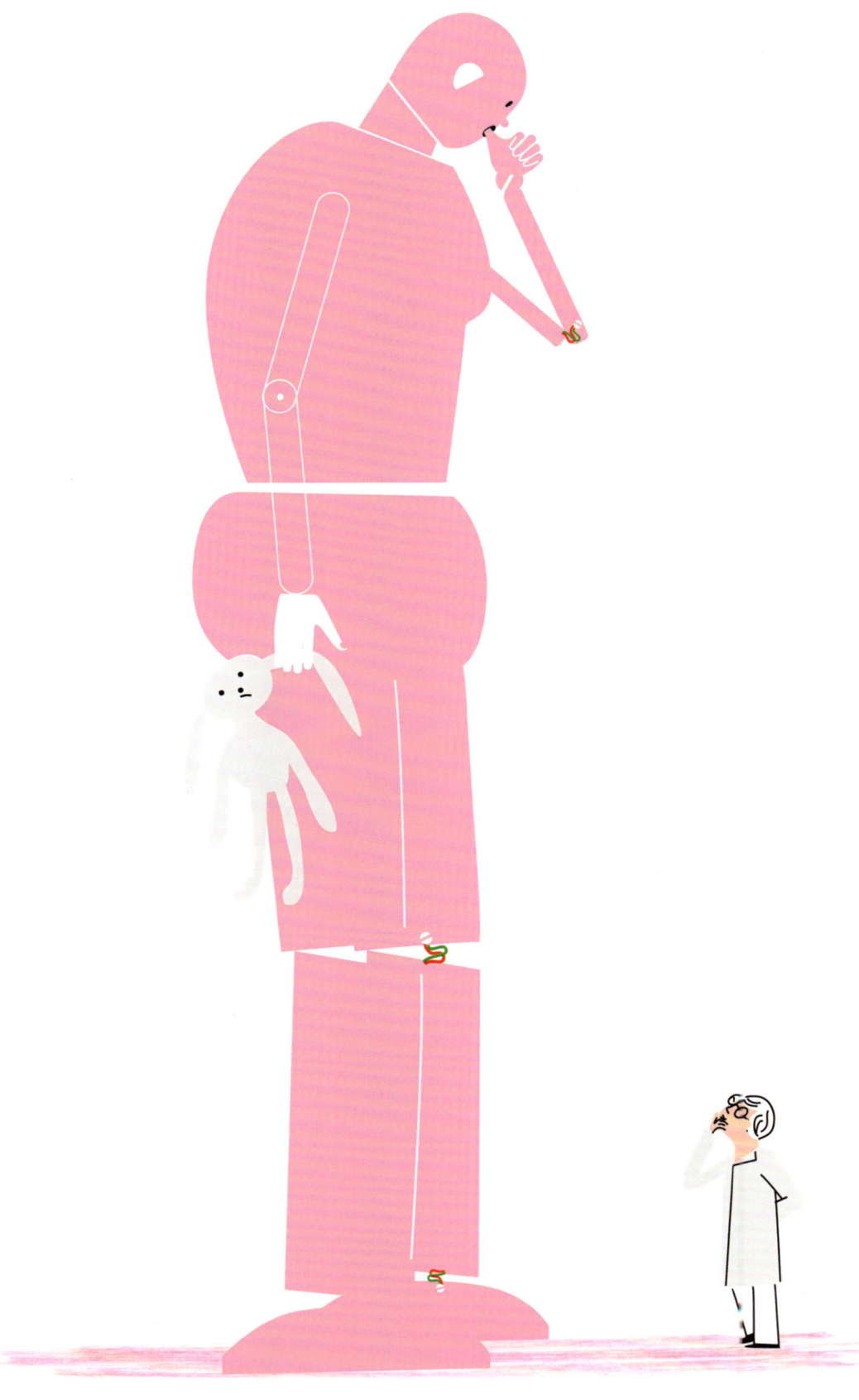

나타샤 셰도어 글   세브린 아수 그림   이충호 옮김

인공지능 시대,
로봇과 친구가 되는 법

길벗어린이

차례

머리말
08

10 로봇 시대가 온다!

18 로봇의 역사

30 휴머노이드

42 온갖 일을 하는 로봇

60 로봇이 가져다줄 미래는?

68

주:

1장, 10장, 11장, 100장, 101장? 숫자를 잘못 쓴 것 아니냐고요? 그렇지 않아요. 이 숫자들은 각 장을 이진수로 표시한 거예요. 십진수 0, 1, 2, 3, 4, 5, 6을 이진수로 바꾸면 각각 0, 1, 10, 11, 100, 101, 110이 되거든요. 그다음에는 어떤 수들이 오는지 그 규칙을 알아냈나요? 그렇다면 이제 여러분은 컴퓨터의 언어를 사용해 수를 셀 수 있어요. 그게 바로 로봇이 쓰는 언어기도 해요!

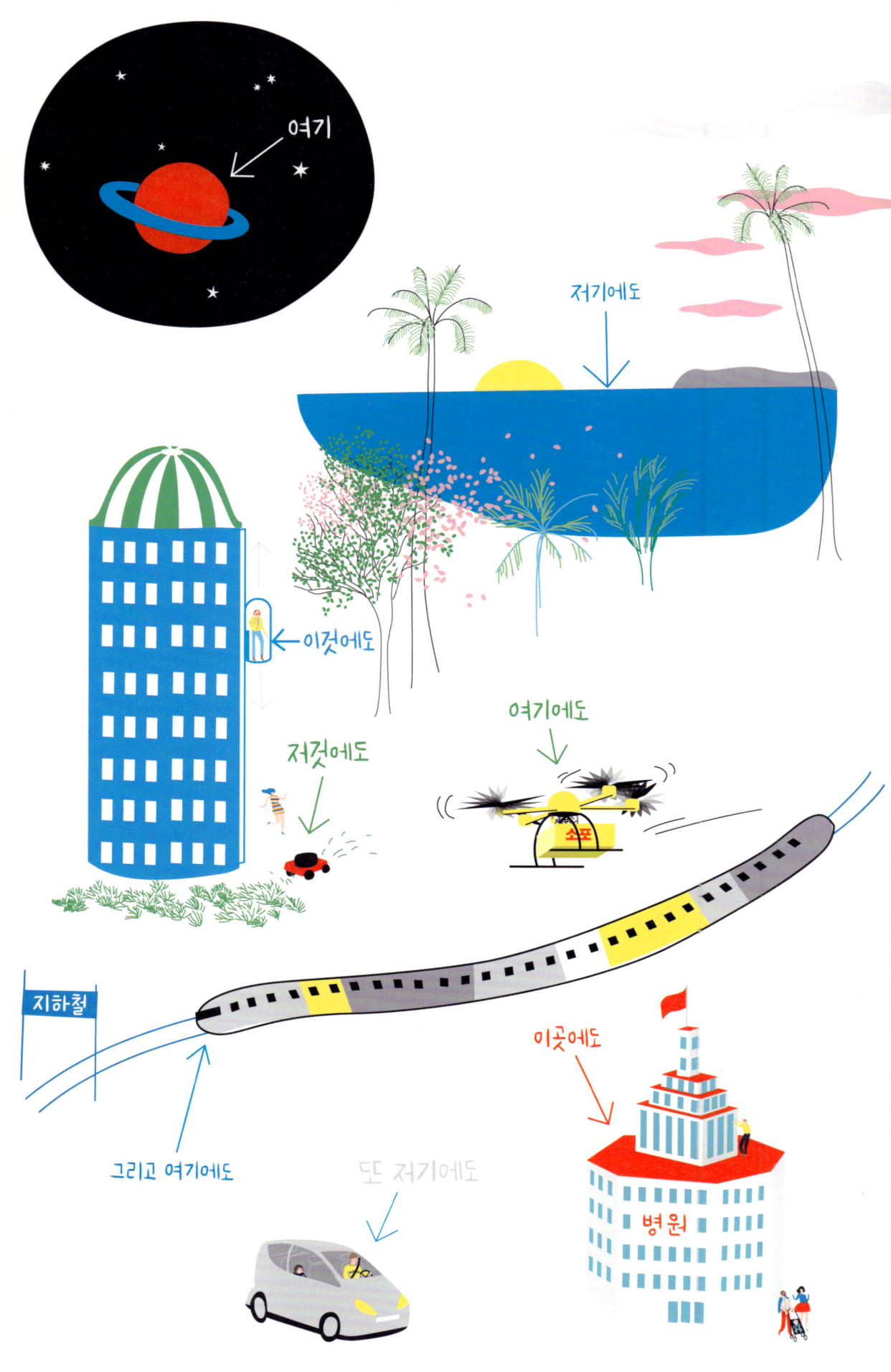

머리말

우리는 이미 수많은 로봇들에 둘러싸여 있어요. 정말이냐고요? 주변을 아무리 둘러보아도, 〈스타워즈〉에 나오는 알투 디투(R2-D2)나 터미네이터, 월-E 같은 로봇은 전혀 보이지 않는다고요?

어떻게 된 걸까요? 로봇은 그저 이야기나 과학 소설이 부추긴 우리의 상상 속에나 존재하는 걸까요? 하지만 실제로 로봇은 이미 온갖 장소에서 활동하고 있어요. 로봇이 공장에서 일한 지는 오래되었고, 지금은 병원과 해저, 전쟁터, 우주에서도 활동하고 있어요. 일상생활 속에서도 로봇이 점점 더 자주 눈에 띄어요. 예를 들어 볼까요? 기관사 없이 달리는 지하철의 자동 조종 장치와 소포를 배달하는 드론★도 로봇이고요, 최신 엘리베이터나 자동차의 계기판 내부, 그리고 여러분 집의 잔디밭 위와 카펫 위에도 로봇이 있지요.

우리가 로봇의 존재를 잘 알아차리지 못하는 이유는 이 기계들이 아주 다양한 모습을 하고 있는 반면에 우리가 흔히 떠올리는 로봇인 휴머노이드★는 보기 드물기 때문이에요. 게다가 로봇 공학 분야에서는 언론에서 떠들썩하게 다룰 만큼 극적인 발견이나 발전이 잘 일어나지 않거든요. 대신에 아주 조용히 발전하면서 점점 더 효율적인 로봇을 만들어 내죠. 하지만 보이지 않게 일어나는 이러한 작은 발전들이 쌓여서 우리가 사는 세상에 더 '똑똑한' 자동 기계들이 점점 많이 등장하고 있어요.

이 책에서 여러분은 여러 연구소를 방문해 로봇이 실제로 사용되는 갖가지 사례들을 만나게 될 거예요. 그와 동시에 이 새로운 분야에서 생겨난 문제들과 도전들과 질문들도 마주하게 될 거예요. 로봇 공학이 우리 삶에 끼치는 영향을 잘 이해하고, 미래에 큰 변화를 가져올 이 기술 혁명에 뒤처지지 않으려면, 이 모든 것을 알아 둘 필요가 있어요!

★은 68쪽의 용어 설명 참조.

로봇 시대가 온다!

우리와 의사소통을 하면서 도움을 주는 기계와 친절한 휴머노이드! 오래전부터 소설과 언론은 우리에게 이런 미래를 꿈꾸게 했고, 과학은 혁명적인 기계가 곧 나타날 것이라고 약속했지요. 좋은 소식은 그런 로봇이 이미 존재한다는 거예요! 하지만 나쁜 소식도 있는데, 대부분의 로봇이 아직 실험실에서 시험 중이거나 첨단 공장에서만 사용되고 있어요. 그렇다고 실망하지는 마요. 지금 당장은 길거리에서 휴머노이드를 만나지 못하겠지만, 로봇 공학이 아주 빠른 속도로 발전하고 있으니 앞으로 10년 안에 자동 기계나 지능을 갖춘 기계를 일상생활에서 흔히 마주치게 될 테니까요.

제1장

로봇과 함께 하루를

마르탱은 툴툴거리면서 벽 쪽으로 몸을 돌리고는 이불을 머리 위까지 끌어올렸어요.
"마르탱, 일어날 시간이에요!" 같은 목소리가 또다시 들려옵니다. "오늘 날씨는 맑아요. 그리고 저녁에 조나탕과 축구 시합 약속이 있어요." 아, 그렇지! 축구 하기로 했었지! 마침내 마르탱은 침대에서 일어났어요. 마르탱은 침대 옆 작은 로봇의 센서(감지기)*를 향해 손짓을 해 자신이 일어났음을 알렸어요. "좋은 아침이에요, 마르탱! 이 닦는 것 잊지 마요." 지난번에 귀찮은 양치질을 건너뛰려고 잔꾀를 부렸거든요! 하지만 칫솔에 달려 있는 감지기가 기계에 경보를 보냈고, 기계는 곧바로 엄마에게 고자질을 했지요!

식탁 앞에 앉으면 가사도우미 로봇 엔키두가 음식을 차립니다. 엔키두는 집에 들어온 지 얼마 안 되었는데, 주스를 정확한 양만큼 따르고 식기세척기를 완벽하게 돌리는 등 집안일을 척척 해내 가족들의 감탄을 자아냈지요. 게다가 계단도 거침없이 오르내릴 수 있어서 일요일 아침에는 아침 식사를 준비해서 계단을 올라와 침실까지 가져다주었지 뭐예요. '아직은 빵집에 가서 갓 구운 크루아상을 사 오지 못하는 게 좀 아쉽지만……' 마르탱은 이런 생각을 하면서 학교까지 태워다 줄 차에 올라탔어요.
이 차는 운전사 없이 혼자 알아서 운전을 해요.

아빠는 오늘 휴가여서 느긋하게 토스트를 먹었어요. 외과 의사인 엄마는 아침에 일어나자마자 첫 번째 진료를 이미 마쳤어요. 병원의 텔레프레즌스(인터넷과 가상 현실 기술을 결합해 먼 거리에서 화상 회의 등을 할 수 있도록 한 시스템)와 집에 있는 컴퓨터를 연결해 간호사와 환자를 마주 보면서 진료를 한 거예요. 수술실에는 수술을 도와주는 로봇도 있어요. 수술 로봇은 손을 떨거나 하는 일 없이 정확하게 수술을 해내죠! 엄마, 아빠가 출근해 있는 동안 청소 로봇은 진공청소기를 돌리고 유리창을 닦는 등 온갖 집안일을 빠짐없이 해요. 엔키두는 편찮은 할머니에게 약 먹을 시간을 알려 주고, 위급한 상황에는 도움을 요청해요. 할머니가 외출을 할 때면 친구 로봇이 따라다니면서 무거운 짐도 들어 주고 보살펴 주지요. 오늘 아빠는 친구들을 만나러 가기 전에 마르탱의 동생 오스카르를 어린이집에 데려다줘야 해요. 보모 로봇을 살까도 생각했지만, 어린아이를 보모 로봇에게 맡기는 게 과연 좋을지 아직 결정을 내리지 못했거든요.

마르탱은 수업 중에 연신 시계를 들여다보았어요. 얼른 조나탕과 클레망을 만나고 싶어 좀이 쑤셨지요. 셋이서 한 팀이 되어 로봇 팀과 축구 시합을 할 거예요. 지난번 시합에서 졌기 때문에 오늘은 꼭 이기겠다고 벼르고 있어요! 셋은 축구를 아주 잘하는데, 특히 클레망은 사고로 큰 부상을 당했는데도 축구를 굉장히 잘해요. 자동차에 치이는 바람에 손을 절단하는 수술을 했거든요. 다행히도 손 대신에 단 로봇 보철물이 촉감을 느낄 수 있을 뿐 아니라, 뇌에서 내린 지시를 정확하게 해내요. 심지어 손으로 골을 넣으라고 하는 것처럼 터무니없는 지시도 그대로 따른다니까요!

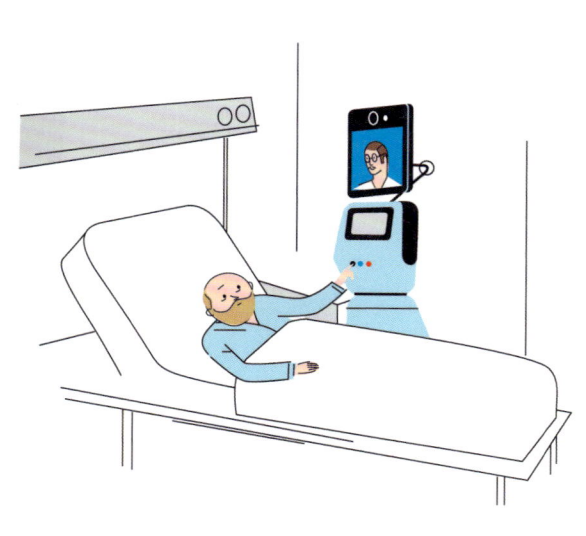

로봇 연구실에서는
어떤 일이 일어나고 있을까?

여러분에게 아침 식사를 차려 주는 로봇이 없는 이유는 마르탱의 하루가 아직은
상상으로 지어낸 이야기라서 그래요. 그렇다고 완전히 없는 이야기는 아니에요…….
왜냐하면 계단을 걸어 올라가고, 병뚜껑을 열고, 식탁을 깨끗이 정리하고, 공을 차는
로봇들이 이미 과학 연구실에서 개발되고 있거든요. 하지만 이런 기계들은 대개 어떤
한 가지 일만을 잘하도록 설계되어 있어요. 그래서 아직 연구실 밖에서는 전문 기술자의
도움 없이 혼자서 일을 척척 해내지 못하죠. 연구실에서는 프로그래밍된 최소한의
지시만 수행하면 되지만, 예기치 못한 일들이 수없이 벌어지는 일상적인 환경에서는
갈팡질팡할 수 있어요!
값비싼 첨단 기술 시제품을 일반인의 손에 맡긴다는 건 최고의 운전자만이 몰 수 있는
최신 경주용 자동차를 초보 운전자에게 맡기는 거나 다름없어요. 이런 로봇 곁에는 항상
로봇 공학자가 있어야 해요. 더구나 이 기계들은 아직은 실험 수준의 속도로 움직여요.
즉, 아주아주 느리다는 뜻이죠. 복잡하고 느린 데다가 덩치도 엄청 크고 시끄러우며
심지어 위험하기까지 해서 아직은 보통 사람들이 편리하게 로봇을 사용할 수 있는
수준에 이르진 못했어요. 그러니까 거실이나 주방에서 온갖 일을 마음껏 시킬 수 있는
로봇이 되려면 아직 멀었다는 얘기예요.

그래서 로봇 공학자들은 로봇의 성능을 더욱 높이려고 애쓰고 있어요. 무엇보다도
과제를 처리하는 능력과 유연성을 한층 높이려고 해요. 예를 들면, 이미 유리잔을
붙잡을 줄 아는 로봇에게는 힘을 잘 조절함으로써 플라스틱 컵을 찌그러뜨리지 않고
붙잡게 하려고 해요. 또, 물체들을 종류별로 분류함으로써 처음 보는 물체가 무엇인지
알아내는 방법도 가르치고요. 즉, "이 물체는 한 번도 본 적이 없지만, 의자의 특징을
모두 지닌 것으로 보아 의자가 확실해."라는 식으로 추론을 하게 하는 거지요. 그리고
운동 능력과 자신의 위치 정보 파악 능력도 개선하려고 노력하는데, 그렇게 되면
로봇은 넘어지더라도 스스로 일어나고, 길을 잃지 않고 정확하게 집을 찾아가고,
도중에 문제가 생기면 다른 길을 택해 목적지로 갈 수 있을 거예요. 로봇이 모방하려고
하는 인간의 여러 행동은 우리가 일상생활에서 아무 생각 없이 쉽게 하는 일들이지만,
이것을 프로그래밍해서 로봇에게 해내게 하는 것은 결코 쉬운 일이 아니에요. 다행히
전자 공학과 부품 소형화와 신소재 개발에 힘입어 로봇 공학이 빠르게 발전하고
있어요. 로봇의 금속 골격은 '스마트' 섬유나 새로운 발포 플라스틱 물질로 대체되고
있고, 지금까지는 뻣뻣한 금속으로 만들던 로봇의 '근육'도 인간과 접촉할 때 안전성을
고려해 탄력성과 민감성을 훨씬 높였어요. 또, 로봇의 '뇌'는 인터넷을 통해 거대한
데이터베이스에 접속할 수 있어 학습 속도가 아주 빨라졌고요.

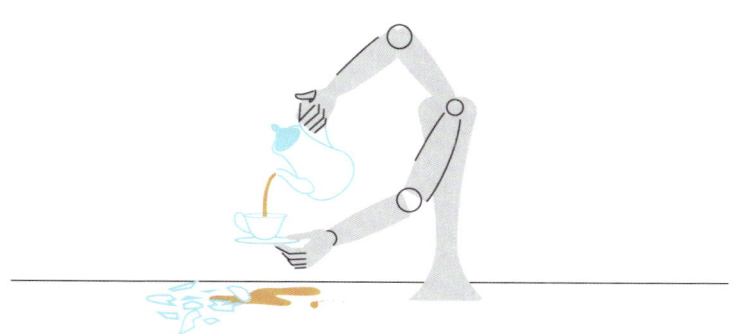

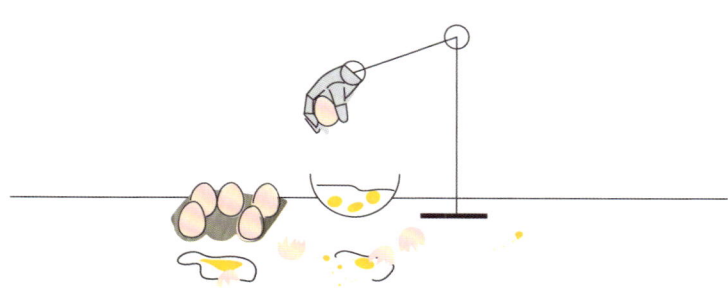

우리를 돕는 로봇, 얼마나 기다려야 할까?

그렇다면 일상생활에서 우리를 위해 일하는 로봇을 만나려면 얼마나 기다려야 할까요? 간혹 잡지에 희망적인 기사가 실리고 일부 로봇 공학자들은 장밋빛 약속을 내놓지만, 다른 사람들은 신중한 태도를 보여요. 따라서 위와 같은 의문이 드는 것은 당연해요. 사실, 로봇은 이미 많은 곳에서 활동하고 있어요. 공장이나 병원, 농업 부문을 비롯해 다양한 산업 현장에서 날로 성능이 나아지는 자동 기계들이 많이 쓰이고 있고, 심지어 군대에서도 사용되고 있지요. 그리고 우리가 알아차리지 못하는 사이에 일상생활에서도 다양한 로봇이 쓰이고 있는데, 그런 예로는 혼자서 주차하는 자동차나 햇빛의 세기에 따라 블라인드를 여닫는 장치 등을 들 수 있어요. 이러한 소형 기계 중에서 갈수록 자주 우리 눈에 띄는 것도 있어요. 우편물을 배달하거나 외딴섬에 연료를 공급하는 드론이 바로 그런 예예요.

물론 이 로봇들은 휴머노이드하고는 거리가 멀어요. 현재 일반인이 접할 수 있는 로봇은 자동 진공청소기와 백화점 매장에 진열된 스마트 장난감, 단 두 종류뿐이에요. 하지만 2년 안에 훨씬 매력적인 기계들이 로봇 대열에 합류할 것으로 보여요. 겉모습이 사람을 닮은 이 로봇들은 많은 응용 소프트웨어를 사용해 상호 작용*하는 단말기처럼 작동할 거예요. 우리에게 날씨나 뉴스 같은 정보를 제공하고, 음악을 들려주고, 엄마를 불러오고, 함께 체스 게임을 하고, 어린이에게 이야기를 들려주겠지요. 사람처럼 기쁨이나 실망, 놀라움 같은 얼굴 표정이나 몸짓까지 정확하게 흉내 내면서 말이에요. 이보다 더 정교한 로봇이 나오려면 10년은 더 기다려야 해요. 물체를 조작하고, 이 방에서 저 방으로 이동할 수 있는 제2세대 로봇은 음료수를 내오거나 비디오 게임 리모컨을 가져다주는 것처럼 소소한 일들을 처리할 수 있어요. 제3세대 로봇(나이 많은 사람이나 몸이 불편한 사람을 도울 수 있는 진정한 도우미 로봇)을 만나려면 적어도 20년은 기다려야 할 거예요!

하지만 한 가지만큼은 확실한데, 로봇 공학이 점점 더 빨리 발전하고 있다는 사실이에요. 지난 50년 동안의 경험을 통해 로봇 공학자들은 많은 지식을 쌓았어요. 로봇을 만드는 방법은 이제 확실히 알았으니 프로그래밍과 신물질, 인간 공학 등에 노력을 쏟아부을 수 있어요. 로봇 공학자들이 나노 기술*, 생명 공학*, 뇌 과학 분야 전문가들과 손잡고 서로 힘을 모아 완벽한 시제품을 만들고, 그런 로봇들을 공장에서 대량 생산할 날이 곧 올 거예요. 그리고 애초에 미국이 군사적 목적으로 만들었던 인터넷이 오늘날 모든 가정에서 사용되고 있는 것처럼, 로봇이 여러분 집으로 들어올 날도 머지않았어요.

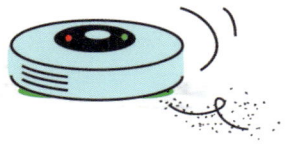

로봇의 역사

우리랑 닮은 생물을 만들어 우리가 그들을 자유자재로 조종하거나, 기계를 만들어 귀찮은 일들을 시키면 참 좋겠지요? 사람들은 수천 년 전부터 그런 꿈을 꾸어 왔는데, 과학과 기술이 발전하면서 그 꿈이 실현될 날이 차츰 가까이 다가오고 있어요. 이 장에서는 사람들이 로봇을 만들려고 했던 시도가 역사를 통해 어떻게 변해 왔는지 살펴볼 거예요. 움직이는 조각상과 초기의 자동 기계에서부터 오늘날의 컴퓨터와 인공지능에 이르기까지요.

제10장

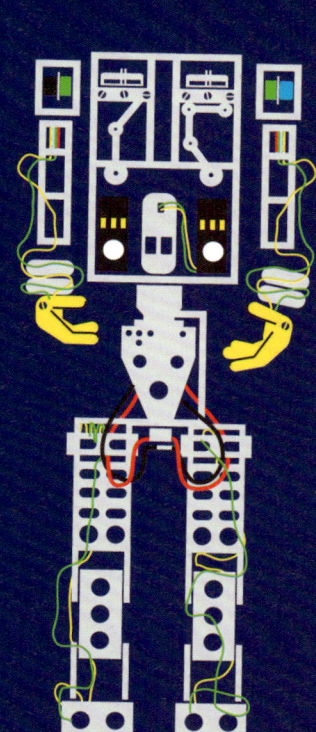

1973

아주 오래된 꿈

먼 옛날부터 사람들은 인공 생명을 만드는 꿈을 꾸었어요. 마치 신처럼 우리와 비슷한 생명을 만들어, 힘들거나 위험하거나 따분한 일들을 맡기면 얼마나 좋겠어요. 고대 그리스 신화에도 금속으로 만든 거인이 제우스의 시중을 드는 이야기나 헤파이스토스(로마 신화에서는 불카누스)가 황금으로 움직이는 시녀 조각상을 만들어 자신을 돌보게 했다는 이야기가 나와요.

히브리 신화에는 진흙으로 만든 골렘이 나오죠. 골렘은 마법의 힘으로 움직이는데, 주인의 명령을 충실히 수행하는 하인으로 행동해요. 또, 그리스 신화에서는 유명한 조각가 피그말리온이 상아를 조각해 갈라테이아를 만들었다고 해요. 피그말리온은 자신이 만든 조각상에 매력을 느껴 아프로디테 여신에게 조각상을 진짜 여자로 변하게 해 달라고 빌었고, 아프로디테는 조각상에 생명을 불어넣어 그 소원을 들어주었지요.

중세와 르네상스 시대에는 호문쿨루스에 관한 이야기가 많이 떠돌아다녔어요. 중세 사람들은 남자의 정액에 이미 완전한 형태를 갖춘 작은 사람이 들어 있으며, 이 정액 속의 작은 사람이 여성의 배 속에서 성장해 아기가 된다고 생각했어요. 호문쿨루스란 바로 정액 속에 들어 있다는 이 작은 사람을 가리키는 용어였지요.(물론 호문쿨루스는 허황된 상상에 지나지 않아요.) 그런데 나중에는 초자연적인 힘을 지닌 호문쿨루스를 연금술사의 증류기로 만들어 낼 수 있다는 이야기가 생겨났어요. 어떤 연금술사는 인간의 정액과 맨드레이크(지중해 지방이 원산지인 가지과의 독성 식물), 말똥 등을 섞어서 호문쿨루스를 만들 수 있다고 주장했지요. 조금 더 과학적인 사람들은 사람의 피를 증류하면서 오늘날의 유전 공학과 비슷한 방법을 사용해야 한다고 주장했어요. 물론 '아주 조금' 비슷할 뿐이지만요.

1921년, 체코슬로바키아 작가 카렐 차페크는 《로봇》(원제목은 'R.U.R.')이라는 희곡 작품을 썼는데, 여기에 사람처럼 생긴 기계가 공장에서 사람을 대신해 일한다는 이야기가 나와요. 차페크는 이 기계를 '로보타'라 불렀는데, 체코 어로 '고된 일'이란 뜻이지요. 이것이 영어와 프랑스 어 등 다른 유럽 언어로 번역되면서 '로봇'으로 바뀌었고, 오늘날 로봇은 '사람의 행동을 모방해 따라 하는 기계'라는 뜻으로 널리 쓰이게 되었어요.

로봇의 조상, 자동 기계

이런 이야기들에서 영감을 얻은 사람들은 사람의 행동을 그대로 따라 할 수 있는 장치들을 발명하려고 애썼어요. 과학과 기술이 발전함에 따라 그들은 점점 더 복잡한 장치를 만들었지요. 그 결과로 로봇의 조상이라고 할 수 있는 자동 기계가 탄생했어요. 자동 기계란 이름 그대로 '스스로 움직이는 기계'를 말해요.

처음에 자동 기계는 종교적 목적에 사용되었어요. 예를 들면, 아프리카에서는 경첩을 이용해 움직이는 가면을 만들었고, 이집트에서는 사제들이 군중 앞에서 자동 기계를 이용해 기적이 일어나는 것처럼 보이게 했어요. 지렛대와 도르래, 나사 등으로 신전의 문을 여닫거나 마술처럼 신상의 팔을 움직이게 했던 거예요. 마치 신도들에게 말하는 것처럼 아누비스의 턱을 움직이게 해 놓고 사제가 신전 어딘가에 숨어서 그 목소리를 내기도 했어요.

톱니바퀴와 피스톤, 용수철 같은 새 발명품과 그리스에서 탄생한 수학적 사고가 결합해 훨씬 정교한 자동 기계가 만들어졌어요. 아직 전기가 발명되기 전이었지만, 알렉산드리아의 헤론처럼 수학과 공학 실력이 뛰어났던 사람들은 기발한 상상력을 발휘해 물이나 뜨거운 공기의 힘으로 움직이는 기계를 만들었어요. 기록에 따르면, 고대의 자동 기계로는 노래하는 새, 자동으로 물을 뿜어내는 분수, 아르키타스가 만들었다는 나무 비둘기 등이 있어요. 아르키타스의 비둘기는 막대 끝에 비둘기를 달아 놓고 증기의 힘으로 원을 그리며 날게 했다고 해요.

이 놀라운 기술은 고대 그리스의 유산을 잘 보존하고 발전시킨 아랍 인을 통해 중세 때 유럽으로 전해졌어요. 12세기의 이슬람 과학자 알 자자리는 음료 시중을 드는 자동인형, 자동으로 여닫히는 문 등 다양한 자동 기계를 만들었지요. 십자군 원정에 나서 아랍 세계를 경험하고 돌아온 기사들은 유럽 사람들에게 놀라운 이야기를 전해 주었는데, 이 이야기를 들은 유럽의 시계공들은 거기서 영감을 얻어 자동 기계를 만들기 시작했어요. 그 결과로 자동 기계가 유행처럼 퍼져 나갔고, 사람들은 교회 종탑에서 종을 치는 납 인형을 경이로운 눈으로 바라보게 되었지요.

르네상스 시대에 이르러 인공 생명을 만들려는 꿈이 부활하면서 사람의 모습을 닮은 자동 기계(휴머노이드)가 많이 만들어졌어요. 특히 프랑스의 철학자 르네 데카르트는 인체를 "걷고 숨 쉬고 그 밖의 모든 일을 하는 데 필요한 부품들을 신이 죄다 집어넣어 만든" 기계에 비유했어요. 스위스의 시계공 자케 드로는 글씨를 쓰고 그림을 그리고 하프시코드를 연주하는 인형들을 만들었고, 프랑스의 자크 드 보캉송은 인형에 나무 손가락과 인공 폐를 달아 플루트를 연주하게 했어요. 보캉송은 역학과 해부학을 깊이 연구한 뒤, 단지 사람들을 즐겁게 하려는 이유뿐만 아니라 인체의 작용을 연구하고 과학을 발전시키려는 목적으로 자동 기계를 만들었어요. 예를 들면, 보캉송이 만든 기계 오리는 곡식을 쪼아 먹은 뒤 마치 그것을 소화시킨 것처럼 죽같이 변한 배설물을 내놓았지요.

20세기에 전기를 편리하게 사용할 수 있게 되면서 기술이 더욱 발전하자, 전기 공학자들은 주변 세계에 반응하는 로봇을 만들었어요. 처음으로 진짜 로봇에 '거의 가까운 기계들'이 등장한 거예요. 이 기계들 중에는 센서를 달아서 외부에서 비추는 빛의 변화에 따라 움직이는 동물(거북과 개) 로봇도 있었고, 상대편이 둔 마지막 세 수에 반응하면서 체스를 두는 로봇도 있었어요.

컴퓨터 혁명

'동일한 동작을 계속 반복하기만 하는' 자동 기계를 '많은 정보를 처리하고 다양한 행동을 할 수 있는' 로봇으로 발전시키려면, 기계와 프로그램(기계가 자신의 행동을 바꾸는 데 필요한)을 분리해야 해요. 19세기에 이루어진 발명 덕분에 이것이 가능해졌어요. 그 발명은 바로 프랑스 리옹 출신의 조제프 마리 자카르가 만든 자동 직기(천을 짜는 기계)였지요. 자카르 직기는 천공 카드(일정한 규칙에 따라 구멍을 뚫어 그 위치의 조합으로 정보를 나타내는 카드)를 일종의 프로그램으로 사용했는데, 구멍이 뚫린 곳으로는 바늘이 들어가고 구멍이 뚫리지 않은 곳에서는 바늘이 나오는 방식으로 작동했어요. 천공 카드 덕분에 이제 기계를 프로그래밍하거나 재프로그래밍하는 게 가능해졌고, 기계가 복잡한 계산을 자동적으로 수행할 수 있게 되었지요. 1834년에 영국의 찰스 배비지는 프로그래밍이 가능한 계산기를 최초로 만들었어요. 이 계산기를 현대식 컴퓨터의 원조라고 부를 수 있어요.

얼마 지나지 않아 전기 신호를 사용하는 방법이 천공 카드를 대신하게 되었어요. 영국의 수학자 조지 불은 수식을 전기 신호로 바꾸면 기계가 수식을 이해할 수 있음을 보여 주었어요. 기계는 0과 1이라는 두 가지 상태에 반응해요. 0은 전류가 흐르지 않는 상태이고, 1은 전류가 흐르는 상태예요. 조지 불은 0과 1을 바탕으로 하고 'AND', 'OR', 'NOT' 같은 논리 연산자들을 포함한 논리 체계를 만들었어요. 오늘날 컴퓨터 과학자들은 이 논리 체계를 사용해 프로그래밍함으로써 컴퓨터가 수행해야 할 모든 종류의 계산과 일을 알려 주어요. 컴퓨터의 발명으로 생각하는 기계가 탄생한 거예요.

컴퓨터가 발명되자, 로봇에게 '뇌'를 만들어 줄 가능성이 생겼어요. 논리적으로 생각하고, 더 나아가 현명하게 판단하는 로봇이 탄생할 수 있게 된 것이지요. 그러려면 컴퓨터의 정보 처리 방식을 인간의 사고 방식(상황을 파악하고 분석한 뒤 결정을 내리고 행동에 옮기는 방식)과 비슷하게 만들어야 하죠. 즉, 주어진 문제를 로봇 혼자서 풀려면 기억 장치에 저장된 정보를 새로운 정보와 결합할 수 있어야 해요. 이는 우리 뇌가 일상적으로 손쉽게 수행하는 기능이지만, 기계가 이 일을 해내려면 여러 페이지에 이르는 프로그램이 필요해요.

인공지능이 있음을 증명하려면, 영국의 수학자 앨런 튜링이 제안한 '튜링 테스트'를 통과해야 해요. 사람이 상대편을 보지 못하는 상태에서 컴퓨터와 대화를 나누어 상대가 사람인지 컴퓨터인지 구별할 수 없다면, 그 컴퓨터는 지능이 있다고 말해요. 2014년에 이 테스트를 통과한 일부 로봇은 어른 흉내까진 못 내고 어린이 흉내를 내는 데 그쳤지요. 하지만 인공지능은 답을 모르는 질문을 받았을 때 얼버무리는 방법으로 그 상황에서 벗어날 만큼 발전했어요. 이 로봇에게 텔레비전 드라마 주인공에 대해 묻자, "난 그 드라마를 본 적이 없는데, 어떻게 알겠어요?"라고 대답했지요.

제1, 2, 3······12세대 로봇: 속도가 붙은 로봇의 진화

로봇 공학이 급속도로 발전함에 따라 벌써 여러 세대의 로봇이 개발되었어요.
1915년에는 센서를 통해 빛을 따라 나아갈 수 있는 전기 개가 개발되었고, 30년 뒤에는 빛과 소리에 반응해 움직이는 거북 로봇 엘시와 엘머가 개발되었어요. 이 동물 로봇들은 주변 환경에 반응을 보인 최초의 기계였고, 따라서 '로봇'이라는 이름이 어울리는 최초의 기계이기도 했지요.

그 뒤로도 로봇 공학은 계속 발전했어요. 1950년에는 최초의 산업 로봇인 유니메이트가 공장의 조립 라인에 설치되어 자동차에 페인트칠을 하고 부품들을 용접했어요. 그다음에는 컴퓨터로 조종되면서 스스로 움직이는 로봇이 최초로 등장했지요. 이 로봇은 심하게 흔들거리면서 움직였기 때문에 '셰이키'라는 이름이 붙었어요. 뒤를 이어 루노호트 1호(소련이 달에 착륙시킬 목적으로 만든 로봇 탐사 차량)가 개발되었는데, 지금 화성에서 활동하고 있는 로봇 탐사 차량 큐리오시티의 조상에 해당해요. 그러고 나서 최초의 애니맷이 나왔지요. 애니맷은 그 이름처럼 동물의 행동을 모방하는 로봇이에요. 이렇듯 새로 개발된 로봇 명단이 줄줄이 이어지고 있는 가운데 인공지능 덕분에 갈수록 형태와 능력이 크게 발전한 로봇들이 등장하고 있어요! 이 로봇들은 예기치 못한 사건에 반응하고, 점점 더 복잡한 문제를 해결하고, 사람처럼 실수를 통해 배우기도 해요. 또, 종이접기를 하듯이 몸체를 접고 움직이다가 나중에는 스스로 몸체를 펼치는 '오리가미' 로봇도 개발되었어요. 오리가미는 일본어로 '종이접기'란 뜻이에요. 뿐만 아니라 고장 난 곳을 스스로 수리하는 로봇도 있어요.

휴머노이드 개발도 빠르게 발전하고 있어요. 두 발로 걷는 최초의 지능 로봇인 와봇과 실리콘으로 피부를 만들어 겉모습이 사람과 아주 흡사한 데다가 사람의 감정을 모방하는 능력까지 갖춘 제미노이드 로봇은 어떤 공통점이 있을까요? 일본에서 개발된 로봇 아시모가 12세대를 거치는 동안 일어난 일련의 발전은 이 흥미진진한 분야의 미래에 어떤 일이 일어날지 많은 것을 말해 주지요.

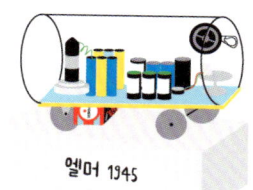
엘머 1945

1915

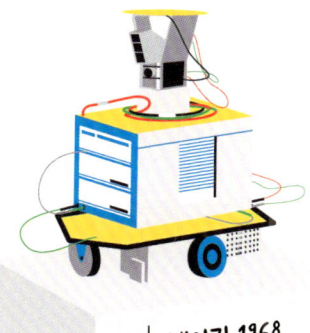
세이키 1968

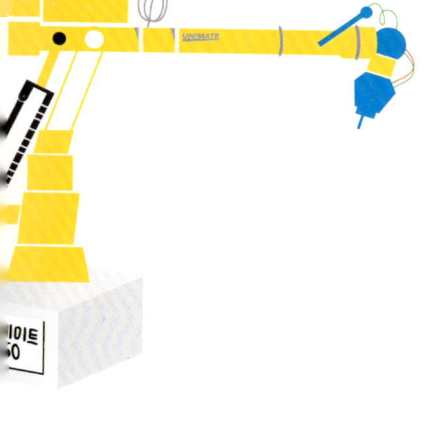

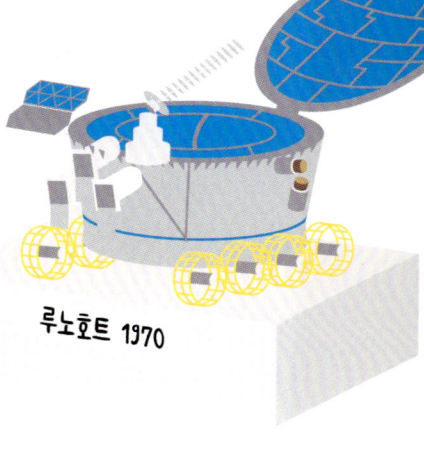
루노호트 1970

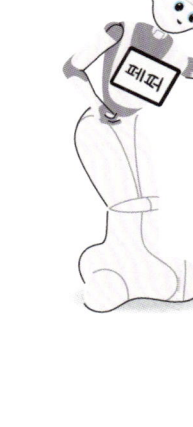

2014

아시모 2000

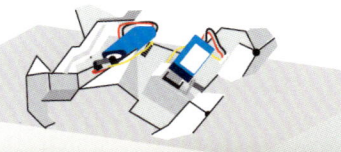

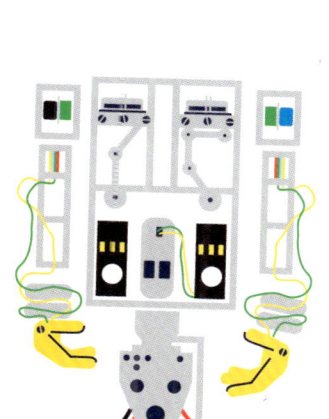

제11장

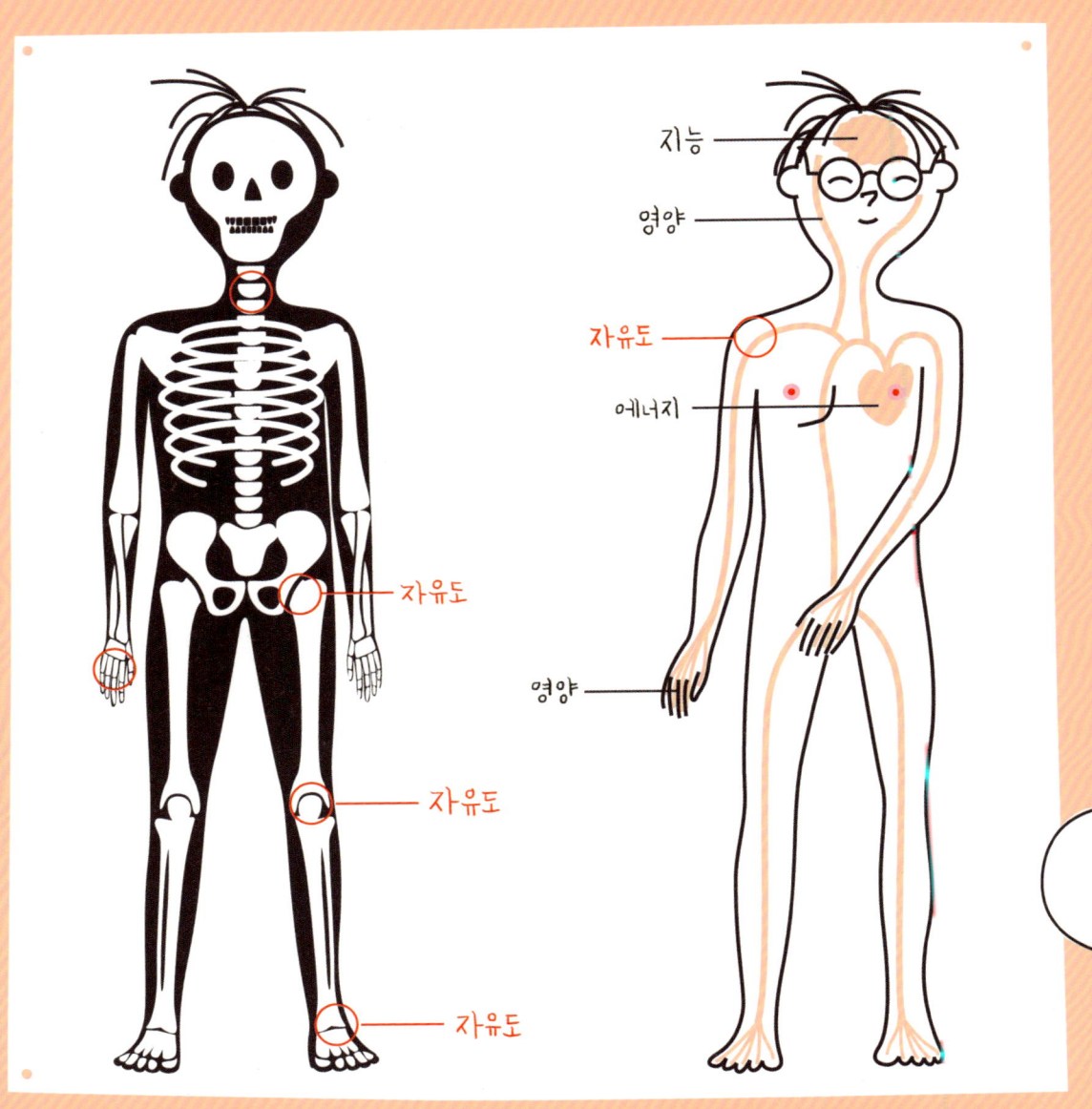

휴머노이드

우리와 생김새가 똑같아야 하는 로봇이 있는가 하면, 자동 팔 하나만으로도 주어진 일을 충분히 해내는 로봇도 있어요. 하지만 로봇 공학자들은 휴머노이드와 거리가 먼 로봇을 만들 때에도 인체의 구조와 작용에서 많은 도움을 받아요. 운동, 감각, 지각, 반사 운동 능력을 갖춘 인간과 동물의 몸은 환상적인 기계라고 할 수 있거든요. 이처럼 훌륭한 신체 모형은 어디에서도 찾아볼 수 없어요. 근육과 감각을 만들고 거기에다 뇌까지 추가하면, 마침내 휴머노이드 로봇을 만들 준비가 다 된 거예요!

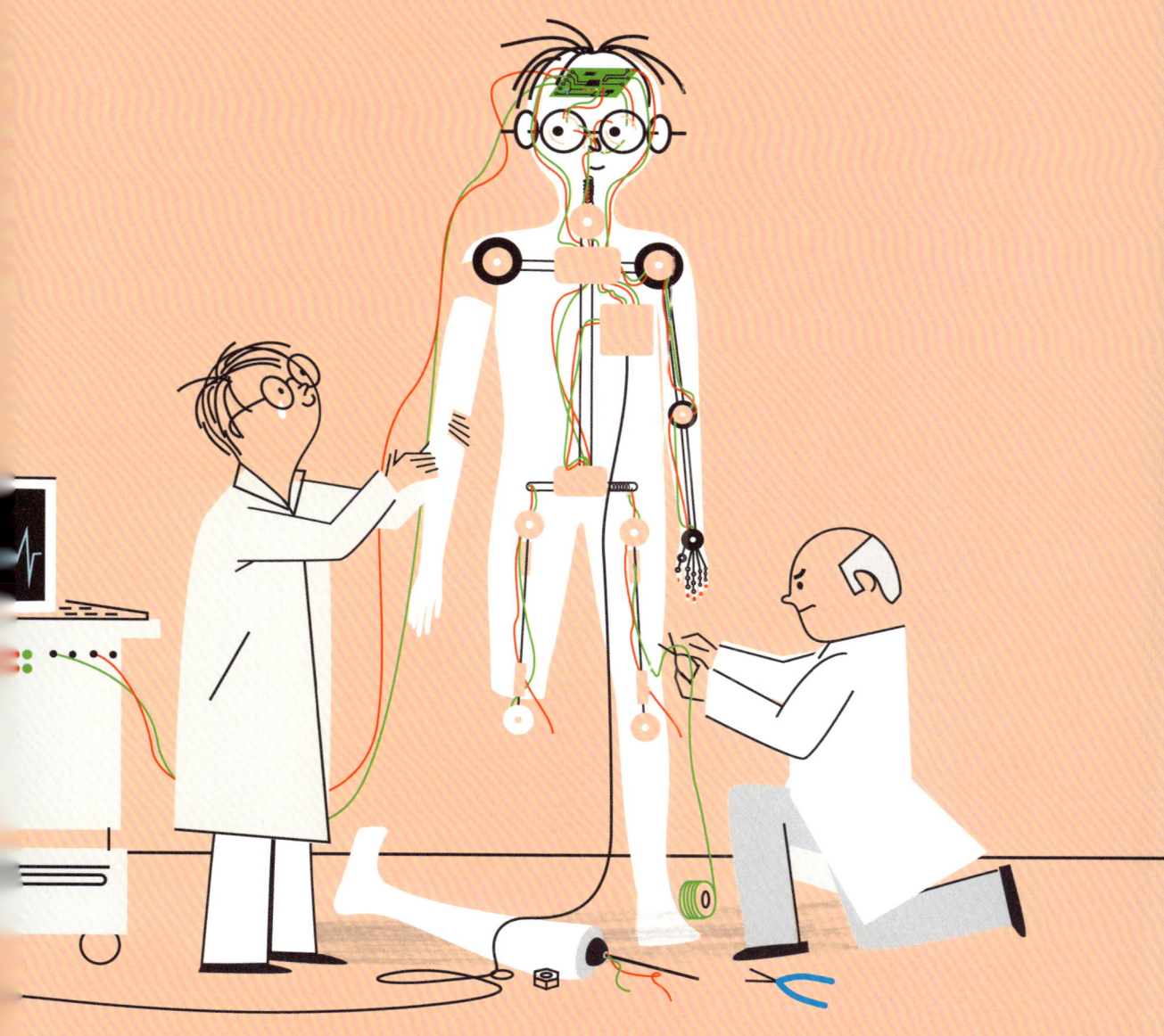

로봇의 해부학적 구조

로봇에게 사람과 똑같은 동작을 하게 하려고 로봇 공학자들은 작동기, 즉 액추에이터라는 '근육'을 만들었어요. 액추에이터는 전기나 유압(기름에 가해지는 압력), 압축 공기 등을 이용해 어떤 부분을 움직이는 기계 장치예요. 자동차의 와이퍼를 움직이거나 전자 화면에 정보를 표시하는 장치에도 액추에이터가 쓰여요.
로봇은 액추에이터 덕분에 바퀴나 '다리', '팔', '손가락' 등을 움직여 이동하거나 물체를 조작할 수 있어요. 또한 소리나 빛을 내보내 메시지를 표시할 수도 있지요. 각각의 액추에이터마다 하는 일이 정해져 있는데, 악수처럼 단순한 동작을 하는 데에도 10개 이상의 액추에이터가 함께 움직여야 할 때가 많아요. 이런 동작이 겉보기에는 단순해 보여도 실제로는 전혀 그렇지 않거든요! 인체의 경우와 마찬가지로, 로봇의 각 신체 부위가 실행할 수 있는 직선 운동, 회전 운동 등과 같은 움직임을 '자유도(어떤 물체의 운동을 설명할 때 독립적으로 변화할 수 있는 변수의 개수)'라고 해요. 사람의 한쪽 팔의 자유도만 해도 7(손을 제외하고, 각 부위의 자유도는 어깨가 3, 팔꿈치가 1, 손목이 3)이라는 점을 감안하면, 로봇 공학자들이 하는 일이 얼마나 복잡할지 짐작이 갈 거예요! 그런데도 로봇의 동작은 아직 사람의 유연한 동작에 한참 못 미쳐요. 로봇 공학자들은 로봇의 부자연스러운 동작을 줄이기 위해 뻣뻣한 움직임을 조절할 수 있는 액추에이터를 연구하고 있어요. 모터 2개와 작은 용수철들로 이루어진 이 액추에이터들이 로봇의 동작을 한결 빠르고 우아하게 만들어 줄 거예요.

액추에이터를 작동하려면 원하는 동작에 따라 어떻게 움직일지 지시를 해야 해요. 따라서 지시를 내릴 '뇌'가 필요하죠. 로봇의 뇌는 마이크로프로세서와 전자 회로 기판으로 이루어져 있어요. 작은 컴퓨터에 해당하는 마이크로프로세서는 정보를 처리하고 프로그램(즉, 로봇 공학자가 입력해 놓은 연속적인 명령어)을 실행해요. 기술이 발전함에 따라 마이크로프로세서의 크기는 계속 작아지면서 처리 속도는 빨라지고 성능은 크게 좋아지고 있지요.

근육과 뇌……. 또 뭐가 필요할까요? 주변 세계를 파악할 감각이 있어야겠죠. 사람과 마찬가지로 로봇도 사물을 보고, 촉감을 느끼고, 소리를 들을 수 있어야 해요.
보는 일은 카메라가 담당해요. 얼굴을 인식할 만큼 해상도가 높고 주변 환경을 넓게 파악할 수 있는 광각 렌즈가 달린 것이 좋아요. 목적에 따라 알맞은 종류의 카메라를 써야 하는데, 사물을 입체로 보려면 카메라가 최소한 2대 이상 있어야 하죠.
이 카메라들을 통해 주변을 관찰함으로써 로봇은 자신이 있는 공간에서 일어나는 변화나 예기치 못한 일을 알아챌 수 있어요. 예를 들어, 로봇이 걸어가다가 앞에 의자가 뒤집혀 있거나 화분이 본래 있던 곳에서 다른 곳으로 옮겨진 것을 본다면 어떻게 할까요? 그러면 로봇의 인공지능이 그 상황을 분석해 앞에 있는 장애물을 피해 갈 거예요. 또, 적외선 카메라를 사용하면 어둠 속에서도 앞을 볼 수 있고요.

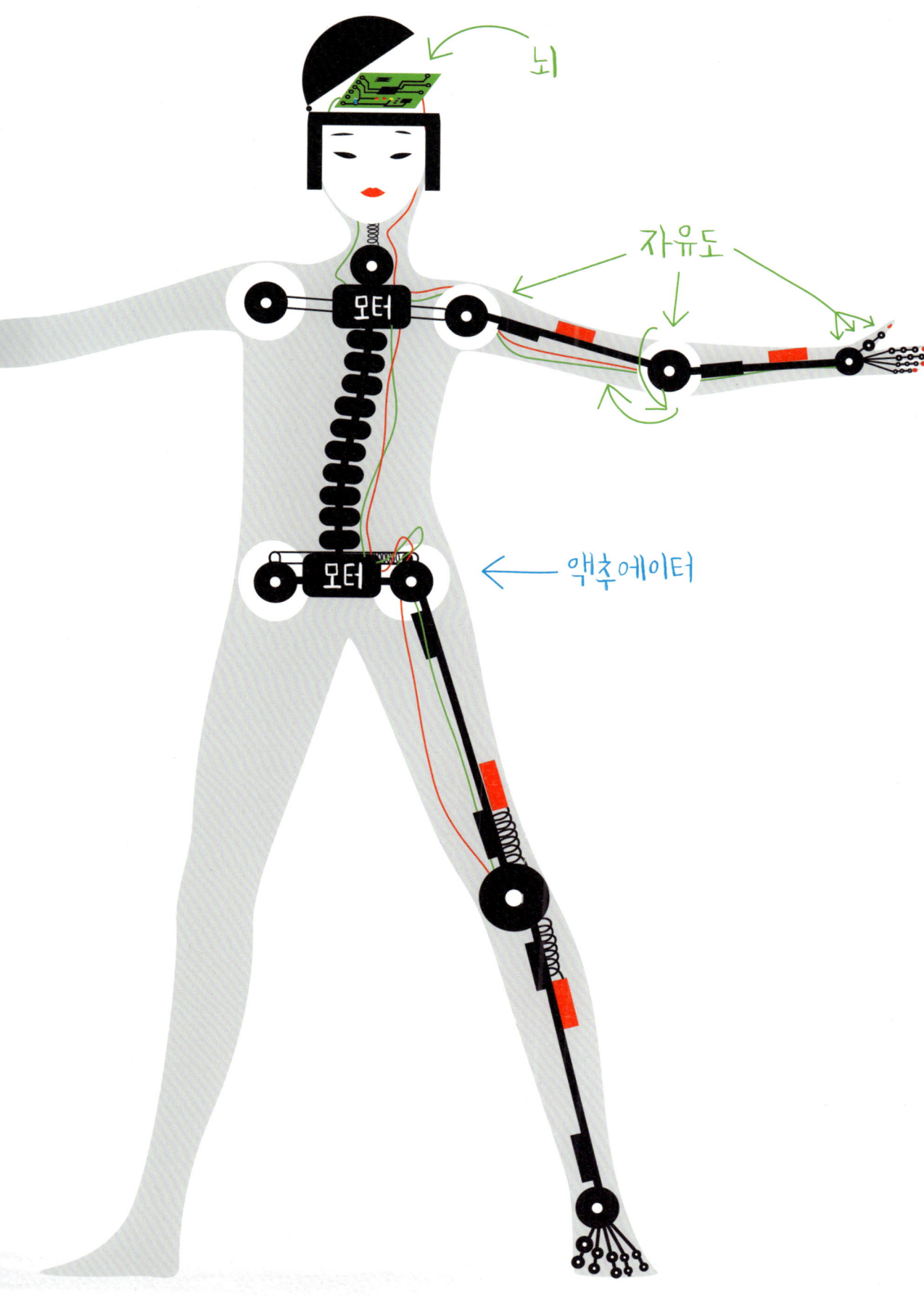

하지만 무엇보다 로봇이 제대로 작동하는 데 꼭 필요한 것은 바로 센서예요. 센서가 많을수록 로봇은 더욱 놀라운 일을 할 수 있어요. 입체감을 감지하는 센서가 있으면, 주변 환경을 3차원으로 인식할 수 있어서 주변에 널려 있는 물체들의 거리를 가늠하는 게 가능해요. 촉각 센서가 있으면, 다양한 물체를 붙잡는 손의 움직임을 조절함으로써 USB 케이블을 연결하거나 실을 바늘에 꿰는 것 같은 동작을 정확하게 해낼 수 있고요! 압력 센서는 어떤 일을 할까요? 압력 센서가 없으면, 로봇은 망치나 달걀을 잡을 때 힘을 제대로 조절하지 못하고, 또 사람을 만질 때 다치게 할 수 있어요. 청각 센서와 후각 센서도 필요해요. 청각 센서는 소리나 목소리를 들을 뿐만 아니라 그 소리가 어느 방향에서 오는지도 파악해요. 후각 센서는 센서 중에서도 만들기가 가장 복잡한 것에 속해요. 공기 중의 냄새를 감지하는 센서를 단 로봇은 그 냄새가 어떤 것인지 알아내죠. 로봇의 전자 코가 공기 중의 화학 원소들을 분석한 뒤, 기억 장치에 저장된 정보와 비교해 폭발물이나 마약에서부터 심지어 발 냄새와 입 냄새까지도 그 정체를 알아낼 수 있어요.

근육과 뇌와 감각······. 하지만 이것들을 움직이게 하는 에너지가 없으면 아무 소용이 없겠죠. 어떤 로봇은 전류 공급원에 플러그를 꽂아 에너지를 얻지만, 충전 가능한 전지에서 에너지를 얻으면서 한곳에 머물러 있지 않고 이리저리 돌아다닐 수 있는 로봇도 있어요. 태양 전지판이나 소형 원자력 전지 같은 에너지 공급 장치를 갖춘 로봇도 있고요. 원자력 전지는 몇 년 동안이나 계속해서 에너지를 공급할 수 있다는 장점이 있어요. 그래서 화성 표면을 돌아다니는 로봇 탐사 차량처럼 아주 먼 곳에서 장기간 임무를 수행하는 로봇에 사용하기 좋아요.

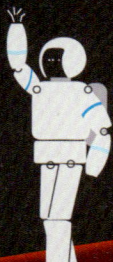

고정식 로봇과 이동 가능한 로봇

한 장소에 고정된 로봇이 있는가 하면, 이리저리 돌아다닐 수 있는 로봇도 있어요. 고정식 로봇은 공장에서 많이 볼 수 있는데, 이런 작업용 로봇은 이동할 필요가 없고, 또 안전을 위해서도 고정된 채 작업을 하는 편이 좋아요. 반면에 이동 가능한 로봇은 예기치 못한 일이 일어나고 함정이 곳곳에 널려 있는 세계에서 돌아다니도록 설계되었어요. 센서를 통해 자신의 위치를 파악하고 장애물을 피할 수 있다면, 그런 세상으로 첫발을 내디딜 준비가 된 거죠.

이동 가능한 로봇을 만들려면, 바퀴를 다는 게 가장 쉬운 방법처럼 보여요. 바퀴는 상당히 안정적이고 다루기 쉬운 장치거든요. 하지만 지면이 반반하지 않아 바퀴가 구르는 데 적당하지 않은 지형도 많아요. 특히 험하고 가파른 지형에서 활동하는 군사용 로봇의 경우에는 단순한 바퀴보다 탱크에 달려 있는 것 같은 캐터필러가 더 나아요. 그리고 계단이나 곳곳에 장애물이 있는 집 안에서 돌아다녀야 하는 가사도우미 로봇은 바퀴보다 두 다리로 걸어 다니는 게 더 편리해요. 하지만 바로 여기서 문제가 시작되지요! 두 발로 걸으려면, 두 발을 동시에 땅에 디디지 않은 상태에서 균형을 잡아야 하잖아요. 이렇게 두 발로 계단을 걸어 올라가고, 달리고, 양발로 점프를 하고, 넘어져도 다시 일어서는 로봇을 만들기까지 수십 년의 세월이 걸렸고 수천 페이지의 프로그램을 만들어야 했지요. 그렇다면 이제 문제가 완전히 해결된 걸까요? 아니에요. 이 모든 동작을 다 할 수 있는 로봇은 아직 나오지 않았어요…….

로봇 공학자들이 중점적으로 연구하는 또 한 분야는 동물, 그중에서도 특히 곤충의 걸음걸이예요. 다리가 6개 달린 곤충은 2~3개의 발은 항상 지면을 딛고 있어서 균형을 쉽게 잡을 수 있는 이점이 있어요. 하지만 제대로 움직이는 곤충 로봇을 실제로 만드는 것은 결코 쉬운 일이 아니에요. 다루어야 할 자유도와 조절해야 할 관절이 아주 많기 때문이죠. 헤엄치는 문어나 구불구불 기어 다니는 뱀, 날아다니는 뒤영벌을 비롯해 동물 세계에는 공중이나 물속에서 움직이는 로봇을 만들 때 참고할 만한 모델이 많아요.

우리와 똑같이 생긴 로봇?

깡통 로봇과 휴머노이드……. 같은 로봇 가족인데도 연구실에서 설계하는 로봇 모델들은 생긴 모습이 저마다 달라요. 로봇이 수행할 임무와 특히 활동할 환경에 따라 그 모습에 큰 차이가 있어요. 로봇 공학자들은 일반인들 사이에서 활동할 로봇은 휴머노이드(팔과 다리가 달린)나 준휴머노이드(바퀴 위에 몸통이 붙어 있는)의 모습으로 만들어요. 인체와 인체의 기능을 모방하는 일이 아주 어렵다는 사실을 알면서도 왜 굳이 그렇게 하려는 걸까요?

무엇보다도 로봇의 모델로 삼기에는 사람이건 동물이건 살아 있는 생물이 가장 좋기 때문이에요. 두 번째 이유는 이 로봇들이 우리 인간이 살아가는 환경에서 활동해야 하기 때문이지요. 계단을 오르내리는 데에는 바퀴보다 다리가 낫고, 문을 열려면 손이 있는 편이 편리하고, 키도 우리가 쓰는 가구에 알맞아야 좋지요. 세 번째 이유는 우리 곁에서 함께 살아갈 기계라면 되도록 우리와 차이가 적고 기묘해 보이지 않는 편이 좋기 때문이에요!

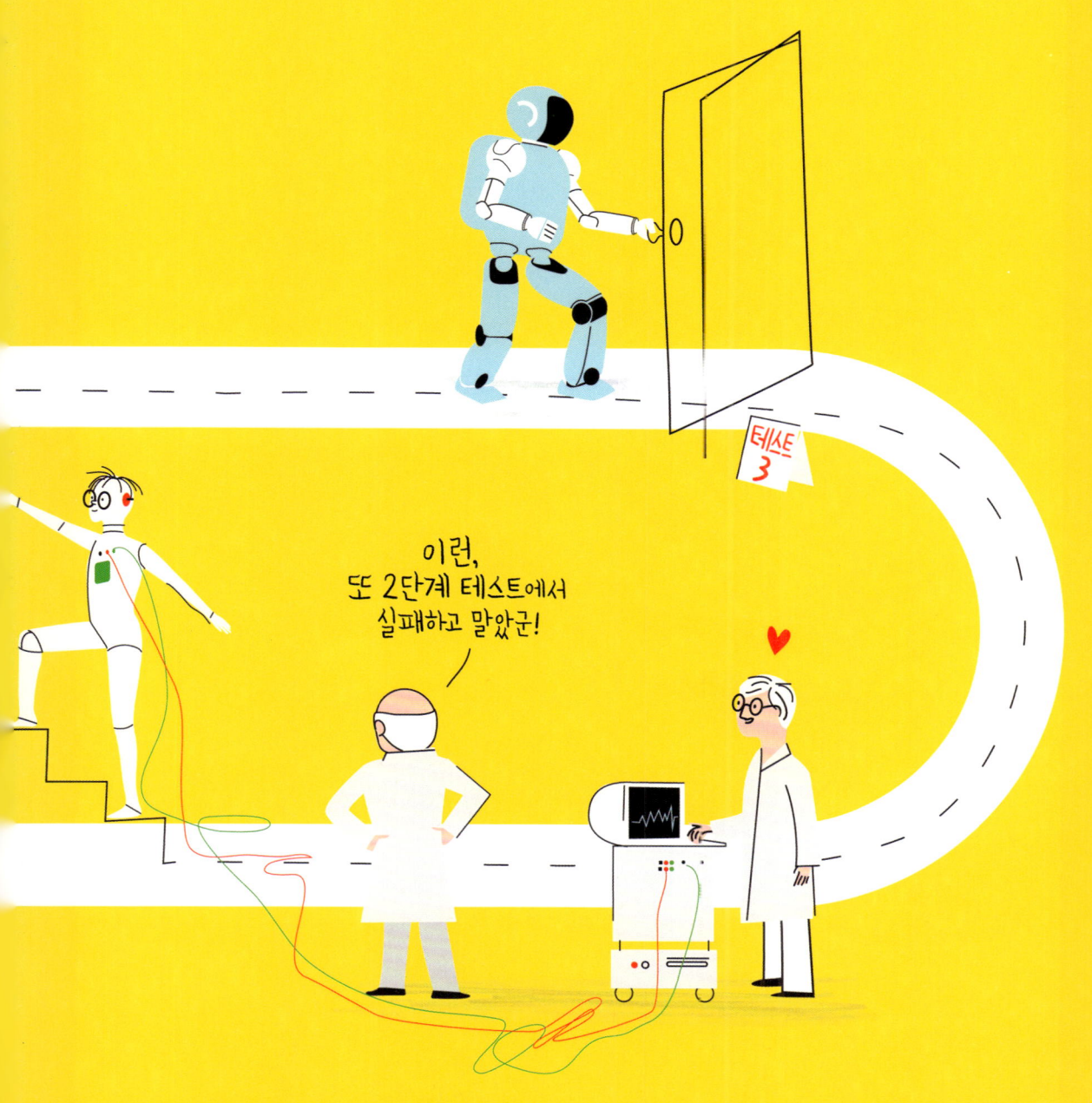

직접 로봇을 만들어 보자!

도구까지 포함해 7만 원이 채 안 되는 돈으로 청소 로봇을 만들 수 있어요! 주의할 점 하나! 반드시 어른이 지켜보는 가운데 도움을 받으면서 만들어야 해요.

준비물

a. 자루가 달리지 않은 길이 15cm 정도의 솔 1개.
b. 소형 모터 1개.
c. 1.5V 전지(AAA형)와 전지 홀더 각 1개.
d. 10cm 길이의 전선 3가닥.
e. 나사를 돌려 머리 부분을 풀 수 있는 스위치 1개.
f. 지름 3mm의 와셔(볼트나 너트로 물건을 죌 때, 너트 밑에 끼우는 둥글고 얇은 쇠붙이) 5개.
g. 단면적 약 $10mm^2$의 분기 접속관(전선이 나뉘어 갈라지는 지점을 보호하기 위한 갈래가 진 관) 1개.
h. CD 2장.
i. 두 CD 사이에 간격을 벌릴 용도로 쓸 관(PVC 재질이 좋음.) 3개.
j. 껌처럼 붙였다 뗐다 할 수 있는 조각 접착제.
k. 양면 접착테이프.
l. 강력한 순간접착제.
m. 간편한 납땜인두.
n. 일자드라이버와 십자드라이버.

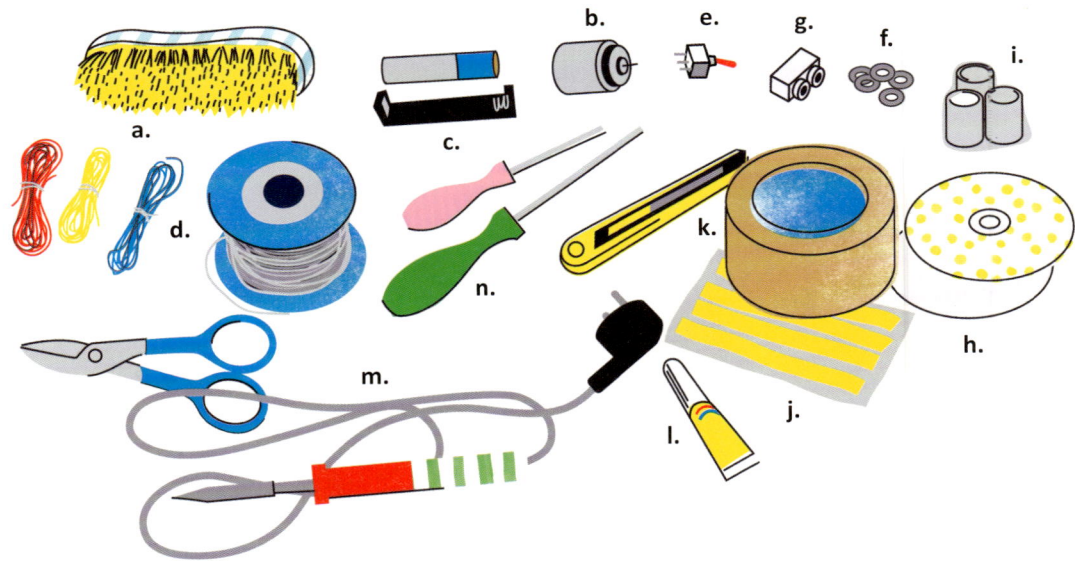

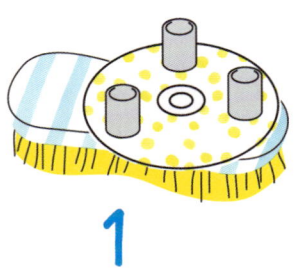

1. 솔의 등 부분에 양면 접착테이프를 바르고 첫 번째 CD를 올려놓은 뒤, 그 위에 PVC 관 3개를 삼각형 모양으로 배치해 강력 접착제로 붙여요.

2. 분기 접속관의 금속 부분을 따로 분리하는데, 방법은 다음과 같아요. 먼저 작은 나사 2개를 푼 다음, 피복을 칼로 자르고 일자드라이버를 사용해 피복을 벗겨 내요. 금속 부분을 밀어서 피복 밖으로 나오게 해요.

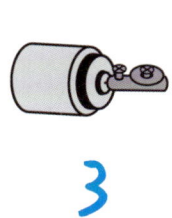

3

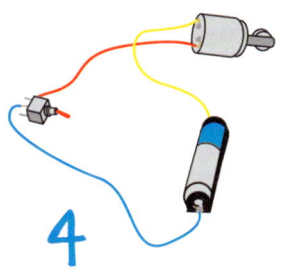

4

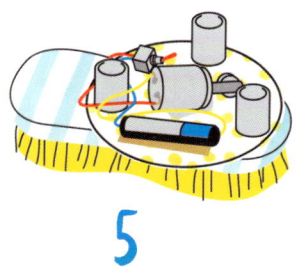

5

3. 분기 접속관에서 분리해 낸 작은 금속관 끝에 와셔를 끼워 조여요. 그리고 두 번째 나사를 사용해 모터 축에 고정시켜요. 금속관과 모터 사이는 약간 간격을 두는 게 좋아요.

4. 전선 3가닥의 피복 끝부분을 3~4mm 정도 벗겨요. 스위치 머리 부분을 돌려서 푼 뒤, 전선 3가닥을 그림처럼 연결해요. 스위치에서 파란색 전선은 가운데 단자에, 빨간색 전선은 바깥쪽 단자 2개 중 하나에 연결해요. 이제 전지를 홀더에 끼워요.

5. 전지를 끼운 홀더는 양면 접착테이프를 사용해서, 모터는 조각 접착제를 사용해서 CD 위에 붙여요.

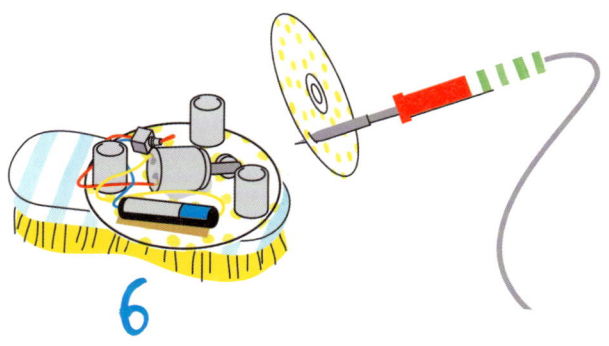

6

7

6. 납땜인두로 두 번째 CD에 구멍을 하나 뚫어요. 그 구멍으로 스위치 머리 부분이 나오도록 한 다음 나사를 돌려 고정시켜요.

7. PVC 관 3개에 각각 조각 접착제를 하나씩 올려놓고서 그 위에 두 번째 CD를 올려 결합해요.

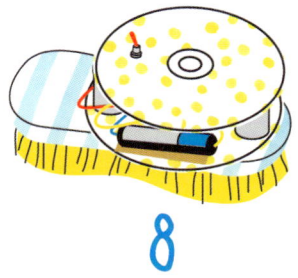

8

8. 드디어 빗자루가 달린 청소 로봇을 완성했어요! 이제 방 청소를 하러 보내기 전에 겉모습을 그럴듯하게 꾸며 주는 일만 남았어요. 이 청소 로봇의 등에 달린 선반을 이용해 사탕이나 인형처럼 작은 물건을 정해진 길을 따라 운반할 수도 있어요.

도움말

청소 로봇을 작동하기 전에 솔 부분을 식탁 모서리처럼 각진 곳에 대고서 뒤쪽으로 문질러 주면 앞으로 더 잘 나아갈 거예요. 스위치는 필요 없을 수도 있는데, 이 경우에 청소 로봇을 정지시키려면 그냥 전지를 빼면 돼요.

온갖 일을 하는 로봇

오늘날 로봇은 우리 일상생활의 일부가 되어 여기저기서 눈에 띄어요. 심지어 집 안에서도 볼 수 있지요. 로봇은 다양한 분야에서 우리에게 도움을 주어요. 특히 우리가 갈 수 없거나 가기에 너무 위험한 장소에서 우리를 대신해 일을 할 수 있어요. 집에서 환자를 돌보거나 함께 게임을 하는 로봇은 아직 초보 단계에 머물러 있어요. 반면에 공장에서 일을 하거나 구호 활동을 하거나 우주 탐사를 하거나 외과 수술을 하는 로봇은 이미 아주 훌륭한 솜씨를 보여 주고 있어요. 또, 정원사나 예술가의 일을 하는 로봇도 있지요. 손상된 신체 일부의 기능을 대신하거나 사람의 능력을 더 높이기 위해 사이보그* 형태로 만든 로봇도 있고요.

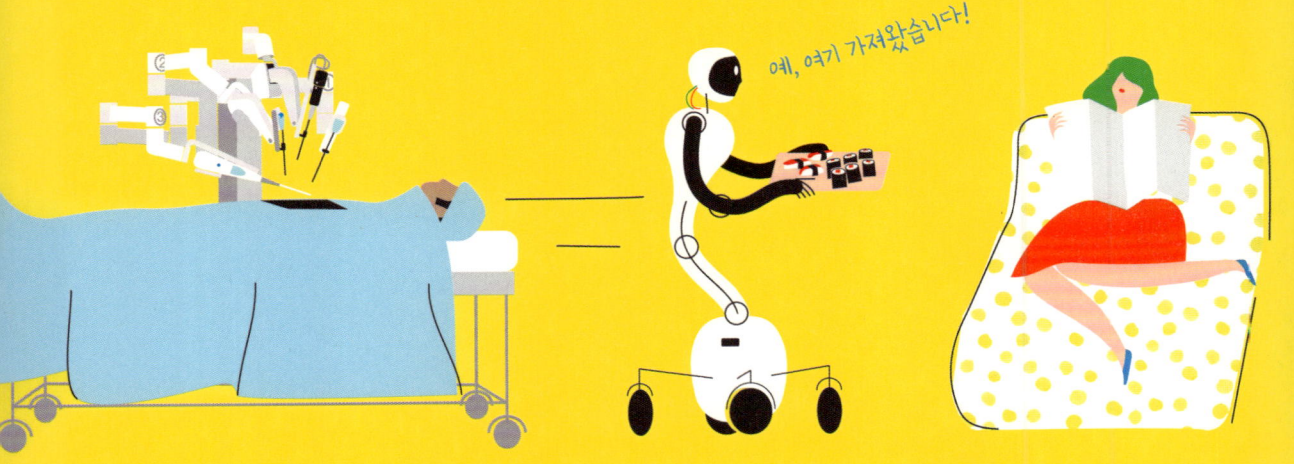

제100장

공장에서 일하는 로봇

컴퓨터 부품을 용접하거나 자동차에 칠을 하거나 여러분이 좋아하는 초콜릿 바를 포장한 작업자는 로봇일 가능성이 커요. 처음 로봇을 대규모로 사용하기 시작한 곳이 바로 공장이거든요. 20세기 초에 미국의 공학자이자 경제학자 프레더릭 윈슬로 테일러는 '과학적 관리법'이라는 작업 방식을 제안했어요. 과학적 관리법이란 작업을 기본적인 동작들로 나누고 각각의 동작에 드는 시간을 잰 뒤, 작업을 가장 효율적으로 수행하는 방식으로 관리하는 방법이에요. 테일러의 이러한 연구가 로봇화를 향해 나아가는 문을 열었다고 할 수 있어요……. 다만, 인간을 로봇처럼 만드는 것이었죠! 실제로 미국의 포드 자동차 회사처럼 이 관리법을 도입한 공장의 노동자들은 조립 라인에서 똑같은 작업 과정을 하루에 수천 번씩 되풀이해야 했어요. 이렇게 일하는 노동자들은 일이 무척 따분하고 몸이 피곤할 수밖에 없었지요.

그래서 이런 공장들에서는 동일한 동작을 사람보다 더 정확하고 빠르게 무한히 반복할 수 있는 로봇이 점차 사람을 대신하게 되었어요. 무엇보다도 로봇은 지겨운 일을 아무리 많이 반복하더라도 힘들다고 불평하지 않아요. 또, 로봇은 독성 페인트나 용접봉에서 튀는 불꽃 속에서도 안전하게 일할 수 있지요. 이런 로봇들은 사람들 눈에 띄지 않는 곳에서 묵묵히 일만 하면 되기 때문에 굳이 사람과 비슷한 모습을 할 이유가 없어요. 그래서 바퀴 달린 깡통이나 단순한 금속 팔 모양을 하고 있는 경우가 많아요.

오늘날 아시아의 공장들에서 노동자들과 함께 일하는 산업 로봇의 수는 유럽의 40만 대보다 훨씬 많은 약 80만 대에 이르고, 이러한 공장 자동화는 계속 진행 중이에요. 그래도 기계들을 감독하고 제대로 돌아가도록 하려면 사람이 필요해요. 소형 휴머노이드도 이미 시험 중에 있는데, 에어버스(프랑스의 상업용 항공기 제작 회사)의 항공기 조립 라인에서는 그런 로봇들이 사람의 지시를 받으며 일하고 있지요. 이처럼 반복적이고 따분한 일은 로봇에게 맡기고, 사람들은 더 재미있고 건강을 해치지 않는 일을 할 수 있어요!

집에서 일하는 로봇

잔디를 깎고, 진공청소기를 돌리고, 유리창을 닦고……. 온갖 집안일을 하는 가사도우미 로봇은 보통 사람들도 살 수 있는데, 가격은 수십만 원대부터 시작해요. 가장 많이 팔린 로봇은 스스로 진공청소기를 돌리는 청소 로봇으로, 1000만 대 이상이나 팔렸지요! 이들 로봇이 하는 작업은 매우 단순한 것들이고, 평평한 공간에서만 돌아다닐 수 있으며, 활동 범위도 제한되어 있어요. 하지만 과학자들이 연구실에서 끊임없이 성능을 개선하고 있으니, 앞으로 나올 이들의 형제 로봇들은 훨씬 복잡한 일을 할 수 있을 거예요. 이를테면, 계단을 오르고, 식기세척기에서 그릇을 꺼내고, 음료수를 따르고, 넘어진 노인을 부축해 일으켜 세우는 일 같은 것들이지요. 우리가 살아가는 데 필요한 이런 일들을 척척 해내는 로봇이 우리 집에 등장하면, 늙거나 몸이 불편해져도 양로원이나 요양원으로 가지 않고 집에서 계속 지낼 수 있을 테지요.

이렇게 우리 일상생활에 도움을 주거나 아예 도우미를 대신할 수 있는 로봇들이 얼른 나오길 간절히 기다리는 사람들이 있어요. 특히 일본처럼 노인 인구 비율이 심각한 수준으로 크게 증가하는 나라들(일본은 2060년이면 65세 이상인 사람들의 비율이 전체 인구의 40퍼센트에 이를 것이라고 해요!)에서는 그런 로봇이 절실히 필요하지요. 그런 로봇이 나오려면 한 20년은 더 기다려야 하는데, 그 사이에 집 안으로 들어와 도움을 줄 만한 로봇은 텔레프레즌스 로봇이에요. 주로 외롭게 지내는 할아버지와 할머니를 돌보는 일을 맡을 이 로봇은 게임을 함께 하면서 기억력 유지에 도움을 주고, 약 먹을 시간을 알려 주고, 건강에 이상이 생기면 병원에 연락하는 등등의 일을 할 거예요.

로봇 선생님

텔레프레즌스 로봇은 이미 프랑스의 여러 학교에서 시험을 해서 성공적인 결과를 얻고 있어요. 이 로봇 덕분에 몸이 아파 침대에 누워 있는 학생도 학교에 가지 않고 수업을 들을 수 있고, 심지어 수업 과정에 참여도 할 수 있어요! 결석한 학생이 자신을 대신하는 로봇 아바타의 화면과 스피커를 통해 선생님에게 질문을 하거나 선생님의 질문에 대답하는 식이지요. 그리고 쉬는 시간에는 로봇이 바퀴를 사용해 다른 로봇들이 있는 곳으로 가서 함께 팀을 이루어 일을 할 수도 있어요.

아주 작은 로봇들도 큰 도움이 되는데, 이미 오래전부터 프랑스 초등학교에서는 공이나 거북처럼 생긴 학습 로봇들이 기어 다니고 있어요. 이들 로봇은 교실 곳곳을 돌아다니며 학생들에게 수학이나 컴퓨터의 기초를 재미있는 방식으로 가르쳐 주지요. 우리나라에서는 몇 년 전부터 로봇 보조 교사를 시험하고 있어요. 부족한 원어민 영어 선생님 대신 로봇 보조 교사가 학생들에게 영어를 가르치는 거예요. 지금은 텔레프레즌스 로봇을 통해 필리핀 같은 곳에 있는 선생님에게서 원격 수업을 받는 수준에 머물러 있지만요.

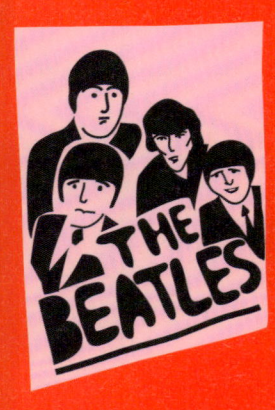

머지않아 기계 혼자서 수업을 완전히 책임질 날도 올 거예요. 로봇 선생님 역시 우리나라에서 시험을 하고 있어요. 사람의 감독하에 로봇 선생님이 출석을 부르고 학생들에게 필요한 지식을 가르치는 거죠. 게다가 로봇의 얼굴(18개의 인공 근육으로 움직이는)을 라텍스 재질로 만들어서 슬픔과 기쁨, 놀라움 불쾌감, 두려움 같은 감정을 표현할 수도 있을 거예요. 또, 큰소리로 "조용히 하세요!"라고 말해 화가 났음을 표현해서 아이들의 입을 다물게 할 수도 있겠지요.

장난감 로봇

맨 처음 나온 금속 장난감 로봇과 플라스틱 장난감 로봇은 빛이나 소리 신호를 내는 데 그쳤지만, 그 뒤로 지능이 점점 더 발달한 로봇들이 나왔어요. 털 뭉치 로봇, 개 로봇, 공룡 로봇 등을 비롯해 이제는 노래를 부르고 춤을 출 뿐만 아니라, 연속적인 지시들을 '보고' '듣고' '이해할' 수 있는 애완동물 로봇도 나왔어요. 리모컨으로 조종하는 동물 장난감들과 달리 이 장난감 로봇들은 기르는 방법과 주인에게서 받는 관심에 따라 다르게 반응하지요. 또, 어떤 장난감 로봇은 인터넷에 연결해 사진이나 비디오 등을 전송할 수도 있어요.

장난감 로봇 중에는 작은 휴머노이드 연주자 로봇과 무용수 로봇도 있고, 인간의 감정을 흉내 내 청중을 즐겁게 해 주는 로봇도 있어요. 이러한 장난감 로봇은 어린이뿐만 아니라 청소년 사이에서도 큰 인기를 누리지요. 특히 직접 조립하면서 프로그래밍을 배워 나가는 모델이 인기가 많아요. 물론 성능이 뛰어날수록 가격은 비싸고요. 아주 단순한 모델은 6만 원 정도면 살 수 있지만, 정말로 근사한 모델은 250만 원 정도는 주어야 해요.

그런데 이 로봇들이 단순히 장난감에 불과한 것은 아니에요. 로봇 공학자들은 장난감 로봇을 중요하게 여기는데, 미래의 반려 로봇 개발에 도움이 되기 때문이에요. 장난감 로봇이 사람들 사이에서 사용되는 모습을 관찰하는 것은 사실상 현장 실험을 하는 것과 같아요. 그 장소에서 로봇의 이동 능력과 음성 인식 능력 같은 것을 평가할 수 있을뿐더러 사람들의 반응과 기대도 관찰할 수 있거든요. 이러한 관찰 결과는 설계자와 프로그래머에게 아주 소중한 정보가 되지요! 프로그래머들도 즐겁게 노는 걸 좋아해요. 해마다 열리는 로봇 공학 세계 대회에 전 세계 로봇 공학 전문가 팀들이 참가해 다양한 시합에서 실력을 겨루지요. 그중에서 가장 유명한 것은 축구 대회예요. '로보컵'이라고 부르는 이 국제 대회에서는 전 세계 학생들이 참가할 수 있는 어린이 버전의 대회도 열려요.

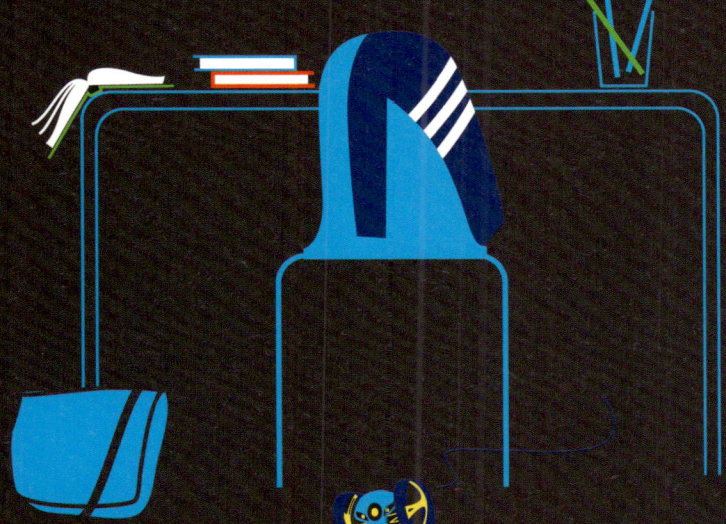

병원에서 일하는 로봇

일반인들에게 도움을 주는 로봇을 가장 많이 만날 수 있는 곳은 바퀴 달린 기계들이 복도를 돌아다니는 병원이에요. 이 로봇들은 몸에 달린 화면을 통해 환자가 가족과 연락을 주고받을 수 있게 해 주거나 멀리 있는 의사와 대화를 나눌 수 있게 해 주어요. 응급 상황이 발생하면, 간호사가 수술실에 있는 외과 의사나 집에 있는 담당 의사, 병원과 멀리 떨어진 곳에 있는(심지어 수백 킬로미터 밖에 있는) 전문의에게 연락을 취해 당장 환자를 직접 '보게' 할 수 있어요. 이 모든 일이 로봇 덕분에 가능한 거예요! 간호사 로봇도 있는데, 환자의 맥박이나 체온을 재는 일을 해요.

의료용 로봇의 쓰임새는 여기서 그치지 않아요. 로봇은 정확성과 효율성이 뛰어나기 때문에 아주 정밀한 외과 수술도 맡아서 하고 있어요. 물론 수술 결정을 로봇이 내리는 것은 아니에요! 수술 로봇은 여러 가지 수술 장비와 카메라가 달려 있는 팔 형태일 뿐이며, 컴퓨터를 통해 외과 의사의 지시를 받아 수술을 하지요. 하지만 인간과 로봇이 팀을 이루어 만들어 내는 결과는 아주 놀라워요. 로봇의 '손'은 아주 정밀하게 움직이는 데다 피곤해하지도 않으며(환자 곁에 몇 시간이고 서 있어야 하는 외과 의사와 달리), 심지어 손을 떠는 일도 절대로 없어요!

진단과 수술과 치료……. 이것 말고도 의료용 로봇이 맡은 임무가 하나 더 있는데, 그것은 바로 환자의 마음을 편안하게 해 주는 일이에요. 그래서 이제는 온몸이 털로 덮인 로봇들을 요양원에서 볼 수 있어요. 일본과 미국, 북유럽에서는 동물 모습을 한 로봇들이 환자의 무릎 위에서 가르랑거리면서 진짜 애완동물과 다름없이 환자에게 안정감을 주는 효과를 거두고 있어요. 진짜 애완동물에게 있을 수 있는 위생과 안전성 문제도 전혀 없이 말이에요.

위험한 장소에서 일하는 로봇

우리는 이미 공장에서 로봇에게 힘든 일들을 시키고 있지만, 이제는 위험하거나 사람이 접근할 수 없는 환경에도 로봇을 보내고 있어요. 무엇보다도 전쟁터에 로봇들을 내보내고 있는데, 현재 전 세계에서 병사들 대신 위험한 작전을 수행하고 있는 로봇만 해도 수천 대에 이르러요. 로봇은 폭발물을 해체하거나, 벽과 문처럼 군대의 진격을 가로막는 장애물을 제거하거나, 무거운 장비를 나르거나, 적군의 진영 가까이에 접근해 카메라로 촬영한 사진을 후방으로 보내거나, 경계선 부근에서 정찰 활동을 해요. 이 로봇들은 영토를 지킬 뿐만 아니라, 특히 병사들의 생명을 보호하는 데 큰 도움이 되지요. 그런데 여기서 그치지 않고 더욱 적극적인 활동을 하는 로봇도 있어요. 원격 조종되는 소형 비행 물체인 드론은 이미 정찰 활동에 사용되고 있는데, 이젠 무기를 표적으로 유도하는 임무까지 맡았어요. 게다가 미국과 러시아, 이스라엘에서는 킬러 로봇까지 개발하고 있어요. 완전히 독자적으로 활동하는 이 병사 로봇은 인간의 지시 없이 스스로 표적을 선택하고, 그에 따르는 모든 위험을 감안해 적을 죽일지 말지 판단하는 능력을 갖추고 있어요. 남북한이 대치하는 지역에서도 킬러 로봇이 활동하고 있다는 이야기가 들려요. 사람들의 출입이 완전히 금지된 지역에서 사람의 존재를 찾아낼 수 있는 이 로봇은 인간 조종자의 지시에 따라(아직까지는) 발포를 할지 말지 결정해요.

극단적인 환경에서 일하는 로봇 중에는 사람이 오랫동안 또는 전혀 머물 수 없는 장소를 탐사하는 로봇도 있어요. 원자로 안에서 일하는 정비사 로봇이나 화재를 진압하는 소방관 로봇, 재난 현장에서 구조 활동을 벌이는 로봇과 기름으로 뒤덮인 바다에서 청소 작업을 하는 로봇, 화성 같은 먼 행성이나 심해에서 탐사 활동을 하는 로봇, 우주 정거장 승무원들이 우주 유영을 할 때 그 일을 돕는 우주 비행사 로봇이 대표적인 예예요. 이들 로봇은 인체가 버텨 낼 수 없을 만큼 온도와 압력이 높은 극단적인 작업 환경에서도 거뜬히 일을 해내는 장점이 있어요. 로봇은 산소나 물, 또는 값비싼 생명 보호 장치가 필요 없고, 오로지 에너지만 있으면 작동하거든요. 게다가 위험한 작업을 하다가 부서지거나 못 쓰게 된다 하더라도 금전적인 손해만 있을 뿐, 사람이 생명을 잃거나 하는 피해는 피할 수 있어요.

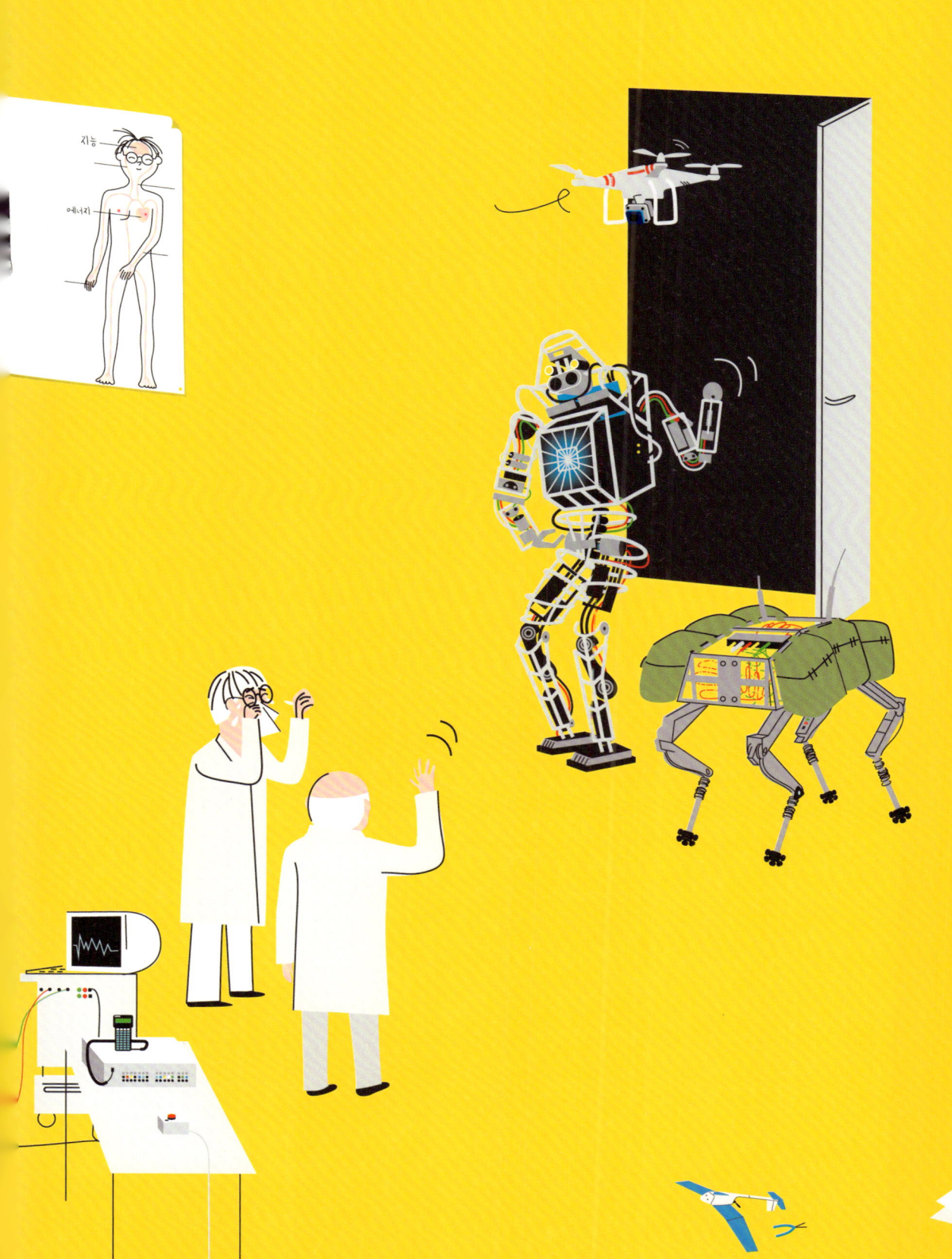

인체와 기계의 결합

많은 연구자들이 로봇을 인간에 더 가깝게 만들려고 노력하고 있는 가운데, 로봇 공학을 이용해 인간의 몸에서 손상된 부분을 고치거나 신체 기능을 크게 향상시키는 연구를 하는 사람들도 있어요. 로봇 공학을 적절히 이용하면, 사고를 당한 사람이 다시 걷거나 신체 일부가 절단된 사람이 잃어버린 촉각을 되찾을 수도 있어요. 또, 평소에는 들 수 없던 아주 무거운 짐을 들 수도 있어요. 이제 바이오닉 맨(생체 공학 인간)이나 사이보그는 과학 소설 작품에서만 볼 수 있는 존재가 아니에요. 아직은 비용이 아주 비싸긴 하지만, 이제 신체 일부가 손상된 사람도 로봇 보철물로 잃어버린 부분을 대신할 수 있어요. 이 놀라운 기술이 가능한 것은 뇌가 컴퓨터처럼 전기 신호로 새로운 인공 신체 부위에 메시지를 전달하기 때문이에요. 근육이나 신경 말단에 결합시킨 인공 손이나 인공 다리에 소형 컴퓨터가 있거든요. 이 컴퓨터가 뇌에서 보내온 전기 신호를 받아 명령을 실행에 옮기는 거예요.

인간과 기계 사이의 이러한 커뮤니케이션은 완전히 새로운 연구 분야를 열었어요. 이 분야의 과학자들은 인체를 더 완전하게 만들고, '증강 인간'이라고 부르는 일종의 슈퍼맨을 만드는 연구를 해요. 예를 들면, 로보캅처럼 단단한 외피를 몸에 두른 증강 인간을 만들 수 있어요. 이러한 메카트로닉스(기계 공학과 전자 공학을 복합적으로 적용한 기술) 골격을 옷처럼 입고 가죽띠로 고정시키는 거죠. 그리고 '지능' 섬유 덕분에 갈수록 착용하기가 편해지고 있는 로봇 팔이나 다리의 도움을 받으면, 무거운 짐(최대 40킬로그램까지)도 아주 쉽게 들어서 나를 수 있어요. 이것은 힘이 약한 사람뿐만 아니라 소방관이나 지뢰 제거 작업을 하는 사람처럼 무거운 장비를 착용하고 일하는 사람들에게도 편리하지요. 또, 사막 지역 전쟁터에서 싸우는 병사들에게도 큰 도움이 될 거예요. 이들은 물 6리터에다 무거운 보급품과 장비까지 짊어지고 다녀야 하니까요! 평생 동안 휠체어에 앉아 지내는 사람의 경우에는 이 장비를 착용하면 걸음을 몇 발자국 걸을 수 있어요.

하지만 다음번 이사할 때 이러한 장비를 빌려서 짐을 옮기겠다는 생각은 하지 않는 편이 좋을걸요. 가격이 너무너무 비싸서(약 2억 원!) 지금은 군대나 전문가만 사용할 수 있어요. 그래도 몇몇 제조업체들이 2016년에 이 장비를 상업용으로 대량 생산할 계획이라고 발표했으니 기다려 봐요. 그렇게 되면 가격이 5분의 1로 떨어질 테니까요.

무대에 선 로봇

로봇에 푹 빠진 사람은 공학자와 프로그래머뿐만이 아니에요. 로봇은 우리의 상상 속에서도 이미 중요한 일부를 차지하고 있어요. 예술가들은 로봇을 무대에 올리는 상상을 하고 있어요. 다시 말해, 반복적인 일을 하는 데에만 능숙했던 로봇이 이제 우리를 감동시킬 능력도 있음을 보여 주려는 거지요. 이 깡통 로봇들은 이상한 동작과 재미있는 몸짓, 놀라운 대화를 하면서 서투른 연기를 보여 주어요.

일본에서는 벌써 로봇이 무대에 올라 배우들에게 대사를 건네고 있어요. 아직까지는 로봇이 무대에서 로봇 본연의 역할(예컨대, 해방을 꿈꾸는 로봇 같은)만 하고 있지만, 그 결과에 만족한 일부 감독들은 가까운 장래에 인간의 배역까지 로봇에게 맡길 생각을 하고 있어요. 한편, 안무가 블랑카 리는 휴머노이드 로봇을 무용수 팀의 일원으로 받아들였어요. 블랑카 리는 로봇이 인간을 완전히 대체하는 것이 가능한지 궁금해해요. 가까운 장래에 우리 역시 같은 질문을 던지게 될 거예요.

화가 로봇이나 음악가 로봇처럼 이미 각광을 받고 있는 로봇들도 있어요.
바이올리니스트, 피아니스트, 드럼 연주자 로봇 등은 인공지능을 사용해 현이나 건반이나 북을 다루는 힘을 조절하고 박자를 따라가면서 사람만큼 빠르게 연주할 수 있어요. 하지만 아직까지는 사람과 같은 감정은 느끼지 못하지요. 자기들끼리 그룹을 결성한 휴머노이드 로봇들도 있어요. 기타 연주자 로봇(손가락이 78개인!)과 콘트라베이스 연주자 로봇과 드럼 연주자 로봇(팔이 4개인!)이 함께 그룹을 이룬 거예요. 딱 하나, 가수 로봇만 빠졌을 뿐이죠!

로봇이 가져다줄 미래는?

그동안 로봇은 꾸준히 우리의 일상생활 속으로 파고들어 왔지만 지금까지는 아무런 문제도 없었어요. 우리 인간들 사이에서 갖가지 형태의 로봇이 점점 늘어나고 있는 지금, 우리는 이런 현상을 기뻐해야 할까요, 아니면 피난처로 빨리 몸을 숨겨야 할까요? 로봇은 결국 우리를 대체할까요? 혹시 우리를 멸망시키진 않을까요? 이처럼 로봇에 큰 매력을 느끼는 사람이 있는가 하면, 상상이 빚어낸 두려움이나 근거 있는 불안감을 느끼는 사람도 있어요. 하지만 로봇은 결국 우리가 원하는 존재가 될 것이라는 점을 잊어서는 안 돼요.

. 제101장 .

내 편지,
멜라니에게
잘 전달했지?

네,
물론이지요!

최악의 악몽

로봇은 아주 매력적인 존재이면서 온갖 종류의 두려움을 불러일으키는 존재이기도 해요. 점점 인간에 가깝게 변해 가는 이 기계들을 보며 우리는 호기심과 본능적인 경계심이 뒤섞인 감정을 느껴요. 서양 사람들이 로봇에게 이런 감정을 느끼는 데에는 전통적인 종교와 문화의 영향도 있어요. 일본인은 로봇을 단순한 도구나 우호적인 조수로 생각하는 반면, 서양 사람들은 기묘한 생물체로 생각하는 경향이 있거든요. 이러한 견해 차이는 기본적으로 세계관의 차이에서 비롯되어요. 일본 신화에는 신이 다른 생물보다 우월한 인간을 창조하는 이야기가 없어요. 대신에 자연의 모든 생물과 물체에 저마다 신의 속성 중 일부가 포함되어 있다고 보지요. 이러한 견해에 따르면, 신과 인간, 동물, 바람, 로봇 같은 물체들은 모두 동등하며 영혼을 가지고 있어요. 따라서 일본인은 사람의 모습으로 인공 생명체를 만드는 것이 문제가 된다고 생각하지 않아요. 반면에 지중해 주변에서 탄생한 종교들은 하느님이 사람을 창조했다고 주장하지요. 그런 까닭에 서양인은 로봇을 인간의 모습으로 만드는 것을 마치 하느님과 같은 일을 한다고 느껴요. 그래서 신화와 SF 작품에서는 그런 일을 시도하는 사람을 나쁜 사람으로 묘사하지요. 그 결과로 미친 과학자와 통제 불능의 생명체가 등장하고, 결국 비참한 말로를 맞이하는 이야기가 쏟아져 나왔어요! 히브리 신화의 골렘(10장 참조)과 희곡 작품 《로봇》(10장 참조)에 등장하는 로봇, 영화 〈메트로폴리스〉에 나오는 로봇 마리아를 비롯해 프랑켄슈타인, 터미네이터 등이 그런 예이지요. 이들 로봇은 반란을 일으키지만 사회를(심지어 인류 전체를!) 멸망시키는 데 실패하고, 이들을 만든 사람들 역시 파멸하고 말아요.

이 모든 이야기에는 공통되는 주제가 두 가지 있어요. 하나는 로봇이 인간과 같은 모습을 하고 있다는 점이고, 다른 하나는 로봇이 우리를 멸망시키려 한다는 점이에요. 하지만 앞에서 보았듯이, 현실에서 만나는 로봇들은 아주 다양한 모습을 하고 있어요. SF 작품에서도 〈스타워즈〉의 R2-D2나 〈블레이드 러너〉의 복제 인간처럼 착한 마음을 가진 휴머노이드가 등장하잖아요. 하지만 이미 사람들의 마음속에 굳게 자리 잡은 이미지는 바꾸기가 어렵지요. 로봇이 반란을 일으켜 우리를 지배할지 모른다는 생각 때문에 로봇에 대한 부정적 이미지가 널리 퍼졌어요.

약간 덜 똑똑하게
만드는 편이
낫지 않겠어?

아이작 아시모프는 이러한 선입견을 바꾸기 위해 1940년에 '로봇 공학의 3원칙'을
만들었어요. 이는 과학과 기술, 그중에서도 로봇 공학(사실, 로봇 공학이라는 용어를
만든 사람도 아시모프예요.)에 대한 사람들의 두려움을 떨쳐 낼 목적으로 만든 것으로,
설계자들이 로봇을 만들 때 따라야 하는 지침이에요. 우리의 삶을 편리하게 하려고
로봇을 만든 것이지, 우리를 지배하게 하려고 만든 게 아니라는 사실을 강조함으로써
사람들을 안심시키려는 것이지요. 위대한 SF 소설 작가인 아시모프는 모든 로봇
설계자가 다음 세 가지 원칙을 반드시 지켜야 한다고 말했어요.

1. 로봇은 인간에게 해가 되는 행동을 해서는 안 된다. 또는 아무런 행동도 하지 않음으로써 인간을 위험에 빠지게 해서는 안 된다.
2. 로봇은 인간의 명령에 복종해야 한다. 단, 그 명령이 첫 번째 원칙을 어기는 것일 때에는 예외로 한다.
3. 로봇은 자신을 보호해야 한다. 단, 그러한 보호 행동이 첫 번째와 두 번째 원칙을 어기는 것일 때에는 예외로 한다.

하지만 '로봇 공학의 3원칙'은 어디까지나 권고 사항에 지나지 않아서 미래에 로봇이
인류에게 위협이 될 가능성을 막기에 충분하진 않아요. 나쁜 프로그래머가 컴퓨터
바이러스로 로봇을 조종하는 일은 얼마든지 일어날 수 있죠. 그래도 아시모프의 주장은
로봇 공학자들이 기계를 설계할 때 안전장치를 마련해야 할 필요성을 널리 알리는 데
도움이 되었어요. 또, 여러 윤리적 질문에 대해 생각해 보는 토대도
제공했지요. 일상생활에서 인간을 돕는 로봇이나 전쟁터에
내보내는 로봇에게 자율성을 어느 정도나 허용해야
할까? 인공 장치와 살아 있는 인간을 합친 생체
공학 인간에게는 어떤 제약을 주어야 할까?
로봇의 행동에 대한 법적 책임은
주인과 설계자와 제조업체 중
누가 져야 할까?

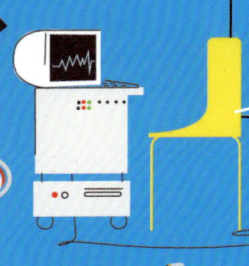

로봇과 관련해 제기되는 질문은 이처럼 다양해요. 로봇
공학이 갈수록 발전하고 있기 때문에 이 질문들에 대한
답을 내놓을 필요도 커지고 있고요. 그래서 케임브리지
대학교의 한 연구실에서는 자율적인 '지능' 기계가 늘어나는
현상이 미래에 인간에게 끼칠지도 모르는 위험을 연구하고
있어요. 이런 한편으로 로봇 학대를 막기 위한 법을
만들려고 하는 미국의 연구자들도 있지요.

마지막 시도에 대해서는 다양한 반응이 나왔어요. 로봇을 동물과 동일시한다면서 불쾌감을 표현하는 사람들도 있었죠. 어떤 사람들은 그렇다면 토스터는 왜 똑같이 보호해 주지 않느냐며 놀려 댔어요!
어쨌든 한 가지만큼은 분명해요. 현재, 로봇은 단순한 기계에 지나지 않고 자율성이 크게 제한되어 있다는 거예요. 로봇의 위험한 행동을 막으려면 그냥 에너지 공급만 차단하면 되니까요.

잔인한 적일까,
헌신적인 도우미일까?

휴! 다행히도 로봇은 아직 세계를 지배할 준비가 되어 있지 않고, 그럴 마음도 없어요. 그리고 연구자들은 만약의 경우에 대비해 안전장치를 마련하는 연구를 하고 있고요. 하지만 이 기계들이 점점 더 우리 일상생활 깊숙이 파고드는 상황에서 안심하고 자도 될까요? 그렇지 않아요. 방심하고 있다간 로봇이 곧 여러 분야에서 우리를 돕는 대신에 우리와 경쟁하게 될 거예요. 이미 여러 산업에서 그런 일이 일어나고 있고, 특히 서비스 부문에 종사하는 사람들(비서와 경리 사원, 변호사, 부동산 중개업자, 텔레마케터, 택시 운전사 등) 가운데 50퍼센트가 20년 안에 로봇 때문에 일자리를 잃게 될 거라고 해요. 로봇은 방대한 양의 자료를 우리보다 훨씬 빨리 기록할 수 있어요. 로봇이 건설 현장과 공장의 조립 라인에서 수많은 노동자를 대체하고 나면(그래도 로봇을 감독하고 유지하는 일을 하는 사람들뿐만 아니라 로봇과 함께 일하는 사람들이 일부 남아 있겠지만), 그다음에는 법이나 기술 지식을 바탕으로 반복적인 작업을 하는 일자리들에까지 진출할 테지요.

그러면 사람들은 어떻게 될까요? 경제학자들은 로봇 때문에 일자리를 위협받는 사람들은 힘든 적응 단계를 거쳐야 할 것이라고 말해요. 하지만 이런 상황 변화에 사회 전체가 나서 현명하게 대처한다면 큰 피해 없이 어려운 단계를 넘길 수 있을 거예요. 이상적인 대처 방안은 로봇의 노동을 통해 얻은 부를 모든 시민에게 기본 소득을 주는 데 사용하는 것인데, 그렇게 되면 사람들은 일을 하지 않고도 편안하게 살아갈 수 있어요. 취미로 혹은 돈을 더 벌기 위해 전문 분야에서 일하길 원하는 사람들은 신기술에서 생겨난 새로운 분야에서 일할 수도 있고, 그 밖의 다른 일을 할 수도 있어요. 그렇게 되면 노동과 직업적 성공을 중시하는 우리 사회에는 정말로 혁명과도 같은 변화가 일어날 거예요!

그 혁명은 눈앞에 다가온 로봇 시대와 함께 찾아오겠지요. 어떤 사람들은 이것을 '로봇 혁명'이라고 부르는데, 지금까지 별로 눈에 띄지 않았던 로봇 공학의 결과물이 일상생활에 점점 더 많이 등장하면서 일어나는 변화를 말해요. 기차와 컴퓨터, 그리고 그 이전에 등장한 그 밖의 기계들과 마찬가지로, 로봇은 금세 우리에게 익숙하고 없어서는 안 될 존재가 될 거예요. 그리고 우리(과학자, 정책 결정자, 시민)는 지금부터 로봇에게 어떤 임무를 맡길지 결정해 두어야 해요!

용어 설명

★ 드론 9쪽
원격 조종으로 여러 가지 임무를 수행하는 소형 무인 운송 수단(항공기, 배, 잠수함 등). 드론의 크기는 수십 센티미터에서 수십 미터까지, 무게는 수 그램에서 수 톤에 이를 정도로 다양해요.

★ 휴머노이드 9쪽
인간의 신체와 비슷한 형태로 만든 로봇. 한편, 인간과 똑같은 모습을 하고 인간과 닮은 행동을 하는 로봇을 '안드로이드'라고 해요.

★ 센서 12쪽
'감지기'라고도 해요. 주변 환경의 정보를 파악하는 장치로, 이를테면 장애물을 탐지하고 온도를 측정하는 등의 일을 해요.

★ 상호 작용 16쪽
둘 이상의 물체나 대상이 서로 영향을 주고받는 것. 로봇의 경우에는 주변 환경에 영향을 끼치고 또 환경에 반응하는 능력을 뜻해요. 이를테면, 로봇이 인간의 지시나 행동에 반응해 행동을 하거나, 예상한 조건이나 예상치 못한 조건에 맞닥뜨렸을 때 그에 맞추어 행동을 바꾸는 것이 상호 작용이에요.

★ 나노 기술 16쪽
나노미터 수준, 즉 원자만 한 크기의 물체를 연구하고 설계하는 기술. 1나노미터는 10억분의 1미터에 해당해요.

★ 생명 공학 16쪽
살아 있는 생물의 기능과 정보를 이용해 필요한 것을 얻거나 만드는 기술. '바이오테크놀로지'라고도 해요. 생명 공학 기술이 사용되는 예를 들자면, 효모를 이용해 만든 빵이나 맥주, 바이러스를 이용해 만든 백신, 유전자를 이용해 만든 '스마트' 의약품 등이 있어요. 로봇 공학에서는 생명 공학을 이용해 인간의 근육과 뇌가 보철물을 마음대로 조종할 수 있도록 해요.

★ 사이보그 42쪽
사이버네틱스(인공두뇌학)와 '생물'을 뜻하는 영어 단어를 합쳐 만든 말로, 전자 장비나 기계를 신체에 결합시켜 신체적 기능과 능력이 크게 향상된 사람을 가리켜요. 부착된 장비나 기계는 센서와 신경계를 연결해 조종하지요.

저자는 프랑스국립과학연구센터 시스템 분석 및 구조 연구소(LAAS-CNRS) 로봇 공학 부문 연구부장인 라시드 알라미와 폴 사바티에 대학교의 조교수이자 LAAS-CNRS의 연구원인 다니엘 시도브르 조교수에게 고마움을 전한다.

글쓴이 나타샤 셰도어
독립 저널리스트이며 작가로, 청소년 과학 잡지 《주니어》, 《매거진 피레네》 등 과학 언론 분야에서 일한다.
아프리카에 대해 쓴 책을 비롯하여 다양한 분야의 다큐멘터리 책들을 펴내고 있다.

그린이 세브린 아수
파리국립장식미술학교에서 공부한 뒤 광고 대행사에서 예술 감독으로 일했다. 지금은 책, 광고, 영화의
일러스트에 전념하고 있으며 《로봇》 외에도 여러 어린이책에 그림을 그렸다.

옮긴이 이충호
서울대학교 사범대학 화학교육과를 졸업하고, 교양 과학과 인문학 분야의 번역가로 활동하고 있다.
2001년 《신은 왜 우리 곁을 떠나지 않는가》로 제20회 한국과학기술도서 번역상을 수상했다.
《진화심리학》, 《루시퍼 이펙트》, '앗, 이렇게 재미있는 과학이!' 시리즈를 비롯해
《우주에서 가장 똑똑한 고양이 아스트로캣의 우주 안내서》, 《박쥐_하늘을 나는 포유류》,
《전염병_아주 작은 전쟁터》 등을 우리말로 옮겼다.

로봇 인공지능 시대, 로봇과 친구가 되는 법
나타샤 셰도어 글·세브린 아수 그림·이충호 옮김

1판 1쇄 펴낸날 2016년 9월 30일 | 1판 9쇄 펴낸날 2023년 11월 20일
펴낸이 이충호 | **펴낸곳** 길벗어린이㈜ | **등록번호** 제10-1227호 | **등록일자** 1995년 11월 6일
주소 04000 서울시 마포구 월드컵북로 45 에스디타워비엔씨 2F | **대표전화** 02-6353-3700 | **팩스** 02-6353-3702
홈페이지 www.gilbutkid.co.kr | **편집** 송지현 임하나 황설경 박소현 김지원 | **디자인** 권석연 김연수 송윤정
마케팅 호종민 신윤아 이가윤 전예은 최윤경 강경선 | **경영지원본부** 이현성 김혜윤
ISBN 978-89-5582-368-4 73550

Generation robots – le reve devient © Actes Sud, France, 2015
All Rights reserved.

Korean Translation Copyright ©2016 by Gilbut Children Publishing co., Ltd.
Korean edition is published by arrangement with Editions Actes Sud, S.A.,
through Imprima Korea Agency.

이 책의 한국어판 저작권은 Imprima Korea Agency를 통해 저작권자와 독점 계약한 길벗어린이㈜에 있습니다.
한국 내에서 보호를 받는 저작물이므로 무단 복제와 전재를 금합니다.